湛庐CHEERS

与最聪明的人共同进化

HERE COMES EVERYBODY

CHEERS
湛庐

面试的科学

Interviewology

[美] 安娜·帕帕莉亚 ANNA PAPALIA　著
姚琼工作室　译

浙江科学技术出版社·杭州

你知道如何让自己在面试中胜出吗？

扫码加入书架
领取阅读激励

- 对于招聘经理，面试和（　　）很相似，都需要找出求职者的闪光点，判断其是否适合相应的角色。（单选题）

  A. 职业规划
  B. 社交聊天
  C. 技能考核
  D. 心理治疗

扫码获取
全部测试题和答案，
一起了解最适合
自己的面试策略

- 对于求职者，在面试准备过程中，以下哪种做法更有助于提升自我意识？（单选题）

  A. 反复练习回答常见面试问题
  B. 了解自己的兴趣爱好
  C. 深入反思自己的个人经历和偏见
  D. 研究面试技巧的相关书籍

- 以下哪种情况可能导致招聘经理做出有偏见的决策？（单选题）

  A. 依据求职者的工作经验进行判断
  B. 根据某一品质对求职者做出倾向性判断
  C. 参考求职者的专业技能和综合素质
  D. 对所有求职者进行相同标准的面试

扫描左侧二维码查看本书更多测试题

面试的科学，重塑你对面试的认知

郭　阅
战略与组织发展专家
麦肯锡资深顾问
千麓学者项目发起人

知道我是 HR 且还会经常面试选人的朋友，经常会好奇地问我是不是会相面、看手相，或是会读心术。这种误解也可以理解，HR 工作中对于一个人的判断是多么复杂的一件事啊，何况还是面对陌生人，何况还要在这么短的时间内完成。当然，每次我的回复都让对方有些失望：我不但不会相面，连星座有哪些都搞不清楚。于是，别人接着就会问："那你怎么面试呢？"如果我试图从冰山模型在水面之下的"素质"开始讲起，不到 3 分钟，大概听众就觉得不够"玄"而放弃了。实际上，面试是一门科学，尽管这仍是少数人的理想主义信仰。

《面试的科学》的作者安娜·帕帕莉亚也深有同感。大多数求职者和招聘者其实并没有接受过专业的面试培训。或许他们碰巧读过一些文章或书，但那既不是在学校里教的，也不是常规发展培训的一部分，甚至她在天普大学教“面试”这门课的时候，连一本适合的教材都找不到。人们总觉得面试就是一场对话，可以凭直觉来处理，而不必遵循某些科学方法，甚至有人把面试比喻成双盲约会，先聊聊看，找找感觉。大部分的面试结果也只停留在“我很喜欢这个候选人”，或“我和这位候选人没有化学反应”。我在不同的公司都主持过一些伙伴关系建设活动（cultivation event），有时我们会同时邀请候选人的家人或伴侣，跟他们一起吃吃喝喝，增加一些“找感觉”的机会。（如果你是候选人，你可千万别以为参加这种活动只要放开吃、放开喝就行了。）

面试是组织发展中极为重要的决策工具，而我们居然没有一套标准方法来研究这套决策机制的有效性，且不少这种“喜欢”和“不喜欢”的判断全然是由面试风格不一致造成的，和求职者或候选人是否胜任毫无关系，更不要说候选人是否能成为组织的潜力股。更常见的是，很多工作岗位，内向的人更能胜任，但是他们恐怕不容易在短短的面试过程中与面试官找到共鸣。

心理学家纳里尼·安巴蒂（Nalini Ambady）和罗伯特·罗森塔尔（Robert Rosenthal）在《片刻解读》（*Thin Slices*）中提到，绝大部分的面试结论都在面试的前 3 ～ 5 分钟得出，后面的面试时间更多的是用来帮助面试官坚定自己的偏见判断（心理学家称之为确认偏差）。《第一印象在面试中的重要作用》（*The important first impression in a job interview*）这篇文章跟踪了 2 000 个面试，居然发现面试官前 10 秒钟的判断和最后的面试结果基本一致。帕帕莉亚通过多年的研究，受霍华德·加德纳（Howard Gardner）在《智能的结构》[①]中所提的多元智能理论的启发，总结出了面试官和面试者的 4 种不同风格。与其他你读过的“面试经”不一样，作者没有教你问什么问题或如何作答，而是提供了“一面镜子”，帮你了解别人怎么看面试中的你。因此，这本书的目标受众不只是 HR，还包括所有求职者和招聘者，只要你愿意认真“照镜子”！

优秀的公司都重视招聘决策

管理学大师彼得·德鲁克说 culture eats strategy

①《智能的结构》（*Frames of Mind*）一书于 1983 年首次出版后，“多元智能理论”便成为 21 世纪全球主流教育思想之一，在全世界掀起了教育改革浪潮，被心理学界誉为“哥白尼式的革命”。该书中文简体字版已由湛庐引进、中国纺织出版社于 2022 年出版。——编者注

for breakfast（文化将战略当早餐吃）。如果让我来接下一句，那就是 talents eats culture for breakfast（人才将文化当早餐吃）。招聘决定人才，人才决定文化，文化决定战略。优秀的公司对于面试决策的流程方法论各不相同，但确实都非常重视招聘决策。我之前的老板泰康创始人陈东升经常说“招聘就是战略”，他会亲自给每年的新员工讲第一堂课。桥水创始人瑞·达利欧（Ray Dalio）在《原则》一书中提到，他用自己的员工做实验，尝试了简单至 MBTI 测评、复杂到霍根测评的各种测评工具，还通过员工的实际发展情况不断反思、检视对员工选聘的考察方法。

我自己在麦肯锡工作时，所有的面试官都要被培训、认证，还要和资深面试官做“角色扮演”，考察通过后才可以“持证上岗”。而即使上岗后，初级面试官是不能自己随便出面试题的，要从案例库中选案例来考察候选人，并严格按照指定的考察角度打分评价。

近两年，麦肯锡还推出了网测游戏 Solve。这是一种在游戏化场景下的认知能力考察在线测试，力图更系统、准确地考察申请者的认知能力。认知能力对咨询顾问来说，是最重要的能力之一。我研究了一下 Solve，第一反应是要是当初有这个东西，我是肯定进不了麦肯锡的；第二反应是以后再也不要拦着孩子打游戏了，没有点游戏训练出来的手感，还真做不了这种测评。

在谷歌，招聘经理即使已经通过了面试培训，也只是获得了写面试报告的资格。况且面试报告的要求恨不得比天高，基本要详细回顾面试里的一问一答，以及作为面试官的决策逻辑和依据。真正的高级别聘用决定都是由谷歌的全球招聘委员会来做，而全世界坐在这个委员会里的人只能是不超过 10 个人的 C 级高管。我第一次收到拉斯洛·博克[①]的邮件就是他在招聘委员会会议上读了我写的面试报告——当时我推荐了一位驻亚洲工作的供应链负责人。他觉得我的报告有理有据、有细节，特意发邮件来肯定我的努力（说实话，我当时真是写了四五个小时，写到快“吐血”了），我这才相信原来他们真的是靠读面试报告来做决策的。

即便各家公司百花齐放、各显神通，它们费这么大劲，结果招聘流程和方法越来越复杂，就真的能提升招聘决策的质量吗？先留个悬念，看看《面试的科学》怎么说。

① 拉斯洛 · 博克（Laszlo Bock）在 2006—2016 年任谷歌首席人才官，离开谷歌后出版了《重新定义团队》（*Work Rules*），书中介绍了谷歌很多人才管理流程与方法。

面试是人生的重要转折点

闭上眼回顾一下——从求职者的角度，看看你人生的重要转折点，是不是常常与一次成功的面试分不开？对我来讲，确实如此！面试带我走进世界一流学府、顶级机构，极大地拉伸了我“折腾”和贡献的天地。在中国，近40年来，所有走入职场的人，除非公司是自家的，否则职业生涯中应该都离不开面试。

作者帕帕莉亚的传奇经历更有说服力。面试帮助她16岁离开父亲的家暴独立生活，在身无分文且GPA、SAT都不达标的情况下被世界顶尖学府宾夕法尼亚大学录取，拿到校园里小费最多的餐厅服务生工作，最终做上了“招聘”这个她最向往的工作。各位何尝不是这样呢？一次面试可以带你走上崭新的人生新路，也可以无情地关上那扇你的探索之门。

我见过成百上千的求职者，在面试过程中只等着被问问题，甚至只回答Yes或No。等到最后面试官礼貌地问“有没有什么问题让我来回答你”时，大概率听到的也是个斩钉截铁的No。整个面试下来，面试官会感觉像是消耗了一天的正能量，了解求职者的难度比给对方拔牙还高。我还遇到过求职者刚坐下就侃侃而谈，感觉像跟面试官是他的大学室友或亲戚一般。

记得在一次大型面试的超级日，我刚刚碰到的一位女生问我怎么看待她今天的着装，会不会不太妥当——这让我反思自己一定是面相太亲和了，让一位刚刚碰到我的同学就问出这么尴尬的问题。一会儿后，待我去取咖啡，恰逢她已经和另外一位女面试官讨论自己的着装细节了。对照这本书提及的不同面试风格，我觉得非常容易对号入座。

我们很容易注意到传统教育中的"应试"，其实，职业生涯中也有"应试"，只是笔试越来越不重要，面试越来越重要了。但比起教育，职场中人们对应试远不够重视。让我们比较一下，我们应对高考笔试所做的准备和一个工作面试所做的准备。有多少求职者把面试当作一门科学学习过、准备过呢？高考对我们命运的影响就比一个工作机会大几十倍、上百倍吗？

如今，面试者面临的更大挑战就是 AI 面试。AI 面试对于一家企业来讲边际成本为零，大多数企业都惠而不费地增加了AI 面试的环节，尤其是对于校招的入门级岗位。一个招聘季下来，刚刚步入职场的大学生甚至都战胜不了AI，见不到"活人"，可谓是如今一种常见的折磨与挫败。作为一个面试超过 5 000 小时的人，我可以负责任地说，人和人在面试过程中表现的差别之大，可能跟人和其他动物之间的差别差不多，确实能被 AI 轻松拿捏。

最好的面试准备是提升自我认知

受过心理学专业训练的帕帕莉亚认为，最好的面试准备是提升自我认知，而不是根据你想给别人留下什么印象，背下来每个常见行为面试题的“最优”答案。她把自我认知分为两种：向内的自我认知帮助你了解自己的动机和想法，对外的自我认知帮助你了解你的行为和风格会给别人留下何种印象。这也就解释了为什么认知面试风格也同样可以更好地帮助面试者。埃德加·沙因（Edgar Schein）教授在《动态职业锚》中同样认为思考职业发展的主要工作是“自我认知”。但这可不是一朝一夕能解决的事情，真的是最漫长的路，真的是修心之旅（The longest journey is the journey inward）。作者在天普大学辅导学生求职的丰富经验告诉她，对于职场新人来讲，认真了解自己的面试风格更为重要，因为职场新人在面试中并没有太多实际的工作经历可讲，更多的是准确展示真实的自我。

喜欢上这本书，最初是注意到帕帕莉亚这位作者。她的背景和我有很多共同之处——做过求职者，面试过大几千小时，给面试官做过面试培训，还帮助求职者做过职业发展。更有共鸣的是，我也曾一度怀疑招聘这么重要的决策到底有没有科学依据。记得 2017 年 4 月 8 日，《华尔街日报》登了一篇文章《面试选拔完全无效》（*The Utter Uselessness of Job Interviews*），其核心观点就是招聘结果和随机摇号没有本质区别。我当时特别有知音感，还把这篇文章贴在了我的领英账号上。我和帕帕莉亚最不一样的地方是她描述自己第一次当面试官的时候特别兴奋。而我前几次做面试官的经历都是前所未有的紧张，可比我自己被面试紧张多了，甚至有一次完全被求职者的问题"碾压"。如今，读了这本书我明白了，原来是我这么个魅力型面试官碰到审视型求职者了——走出面试我有些恍惚："我到底是面试官还是被面试的求职者？"

感激本书作者用扎实的方法论、海量的数据、长时间的研究，推演出 4 种不同的面试风格，非常实用。对这 4 种风格的了解，一定能帮助我们成为更好的面试者、更专业的面试官，也一定能帮助组织设计出更科学的面试流程与方法。让"人事决策"更科学（Make scientific people decisions），是我从事 HR 工作一直以来的追求，也一直写在我不同职业阶段的简历和签名档上。但就算是再能干的 HR，也无法独自完成这么重要的使命，幸亏有《面试的科学》这样的靠谱研究著作，相信在本书的推动和影响下，带动更多 HR 投入这一进程共同努力，使命终将达成。

2025 年夏写于牛津郊区萨默敦（Summertown）

推荐序二

解锁面试背后的“人性密码”

周　雪
福迪威集团亚太区人力资源副总裁

面试是职场中一场场精心编排的“舞台剧”，求职者和招聘者在其中试图找到彼此的契合点。你是否曾在面试前夜辗转反侧，对着镜子反复练习自我介绍，却在面试官面前紧张得大脑一片空白？又或者你是否曾作为面试官，在众多候选人中挑花了眼，却始终找不到那个“对的人”？这背后到底隐藏着什么样的秘密呢？《面试的科学》这本书，就像一把神奇的钥匙，为我们揭开了面试背后那层神秘的面纱。

作为一名多年的人力资源从业者，面试是我工作中最让我着迷的部分。还记得有一次，我为公司寻找一位高层领导的面试。候选人是一位魅力十足的先生，他走进面试室的那一刻，整个房间的气氛都变得活跃起来。他穿着得体，面带微笑，一开口就让人感觉如沐春风。他和我聊起了最近的行业动态，还分享了他对某个新兴市场的独特见解。我们聊得非常投机，他的管理理念和人际交往能力展现得淋漓尽致，让我几乎忘了这是一场面试。

然而，当话题转向具体的业务问题时，情况开始发生了微妙的变化。我问了他一个关于公司最近遇到的一个复杂项目的问题，他一开始还对答如流，但随着问题的深入，他的回答开始变得空泛起来。我接着问了几个关于如何判断问题根源和寻找解决方案的问题，他开始支支吾吾，显得有些不知所措。这让我意识到，面试中的人性密码远比我们想象的要复杂。

幸好，《面试的科学》这本书如同一盏明灯，不仅驱散了面试的迷雾，还以一种轻松幽默的方式，为我们揭示了面试背后的人性密码。作者安娜·帕帕莉亚拥有将复杂理论转化为通俗易懂语言的天赋。书中既有扎实的理论基础，又不乏生动的案例和故事。书中提到了4种面试风格：魅力型、挑战型、审视型和和谐型。这4种风格简直就是面试界的“四大天王”，各有各的招数，各有各的“坑”。

魅力型求职者，那可真是“社交达人”。他们一进面试间，就像自带光环，能瞬间和面试官打成一片。这种风格的求职者，要是放在古代，绝对能靠一张嘴皮子混得风生水起。但心理学里有个“聚光灯效应”，意思是人们往往会高估自己在他人眼中的关注度。魅力型求职者有时候就容易陷入这种效应，以为自己和面试官聊得热乎，工作就稳了，结果可能忽略了展示自己的硬实力。所以，面试官要是遇到魅力型求职者，可得擦亮眼睛，别被他们表面的热闹给迷住了，多问些专业问题，看看这光环下是不是真的有料。

挑战型求职者，那可真是“硬茬儿”。他们就像是一群“真理的捍卫者”，不达目的誓不罢休。在面试里，他们可能会对你的问题刨根问底，甚至反给你几个“灵魂拷问”。心理学家丹尼尔·卡尼曼（Daniel Kahneman）提出的“启发式思维”在这里就很有意思了。人们在面对复杂问题时，往往会用一些简单的“捷径”来快速做出判断。挑战型求职者可能就不太买这个账，他们更愿意用理性的分析来打破常规。面试官要是遇到挑战型求职者，可得准备好，别被他们的气势给吓住了，说不定还能从他们的挑战里发现一些独特的视角和想法。

审视型求职者，那可真是“细节控”。他们回答问题时，就像在做数学题，每一步都要有理有据。这种风格的求职者，要是放在古代，绝对是个“考据派”，对每一个细节都要深挖到底。但有时候，他们可能会陷入“完美主义陷阱”，心理学家托马斯·柯伦（Thomas Curran）和安德鲁·希尔（Andrew Hill）的研究发现，完美主义者往往会对自己的表现过度苛求，导致焦虑和压力的产生。面试官要是遇到审视型求职者，可得注意引导他们放松一点，别被细节给绊住了，多看看他们的整体能力和潜力。

和谐型求职者，那可真是“团队黏合剂”。他们总是想着怎么融入团队，怎么和大家相处得好。这种风格的求职者，要是放在古代，绝对是个“和事佬”，走到哪儿都能把气氛搞得和和气气。但有时候，他们可能会因为太在意团队的感受，而忽略了表达自己的想法。心理学中有个“从众效应”，意思是人们往往会因为群体的压力而改变自己的观点。和谐型求职者可能就容易受到这种效应的影响。面试官要是遇到和谐型求职者，可得多鼓励他们说出自己的想法，别让他们在团队的“大流”里迷失了自己。

《面试的科学》这本书，不仅仅是个“分类指南”，还教会面试官怎么根据不同风格的求职者调整自己的策略。比如，遇到魅力型求职者，你可以多问些专业问题，看看他们是不是只是“嘴上功夫”；遇到挑战型求职者，你可以多给他们一些空间，让他们把想法说透；遇到审视型求职者，你可以多引导他们，别让他们被细节给困住了；遇到和谐型求职者，你可以多鼓励他们，让他们大胆表达自己。

而且，这本书还特别强调了自我认知的重要性。无论是求职者还是招聘者，只有先了解自己的风格，才能在面试中发挥优势，避开劣势。正如心理学家卡尔·罗杰斯（Carl Rogers）所说，“成为自己，是人生唯一的目标”。只有知道自己是谁，才能在面试这场“舞台剧”里，演好自己的角色。

总之，《面试的科学》这本书就像是一把“万能钥匙”，打开了面试这个“迷宫”的大门。它不仅教会了招聘者如何识别求职者的风格，还教会了求职者如何在面试中更好地展现自己，找到那个最适合自己的位置。这本书绝对算得上是一本职场“宝典”，无论你是求职者还是招聘者，都应该好好读一读它。

无论坐在面试桌的哪一边，了解自己都是一生的目标

姚　琼
OKR 教练
人力资源绩效管理专家

在人力资源管理的广阔领域中，我始终致力于推广和实践 OKR[①] 敏捷目标管理与战略管理体系，我也感受到了在企业构建高效团队的过程中招聘目标的重要性。一个团队的成功，很大程度上取决于其成员的匹配度和多元化，而这一切的起点，便是面试这一关键环节。所以，我非常高兴自己有机会翻译这本书，它为企业管理者和职场人士提供了深刻的洞察，同时也让大家认识到，

① OKR 即 Objectives and Key Results，指通过设立明确的目标和可量化的关键结果来跟踪目标的完成情况，强调目标的灵活性和挑战性，注重过程管理而非单纯的结果考核。——编者注

求职者和面试官的面试风格是影响招聘效率与质量的关键所在。

这本书的核心观点在于每个人的面试风格都是独一无二的，它并非简单地由个人经历、种族或道德水平决定，而是深深根植于个体的性格特质中。书中提出的四种基本面试风格——魅力型、挑战型、审视型与和谐型，如同一面镜子，让我们得以窥见自己在面试这一特定情境下的真实面貌。这种分类不是为了限制或评判，而是为了帮助每个人更好地了解自己，从而在面试中展现出最真实、最自信的一面。

对人力资源从业者而言，这本书无疑是一本宝贵的指南。它提醒我们，面试并非寻找标准答案的过程，而是在不断探索个体独特价值与团队需求的契合点。了解不同面试风格的求职者如何在面试中展现自我，能够帮助我们设计出更加精准、有效的面试流程，减少因误解或偏见导致的错判，从而吸引并留住真正适合团队的人才。更为关键的是，书中关于面试风格的评估方法为我们提供了一种科学的工具，可以帮助我们了解自身的面试风格，无论你坐在面试桌的哪一边，了解自己都是一生的目标。

对领导者来说，了解面试风格同样重要。它不仅能够帮助领导者在面试中更加敏锐地捕捉求职者的真实状态，还能促进团队内部的沟通与理解。一个懂得欣赏并利用团队成员多样风格的领导者，更有可能会激发出团队的创造力和凝聚力，推动团队向更高层次发展。

对求职者而言，这本书更是一本加深自我认知与获得成长的宝典。它鼓励求职者正视自己的面试风格，学会在面试中扬长避短，以最自然、最真实的状态呈现自己。书中提到的面试效应尤其引人深思，它提醒我们，面试虽是一场表演，但不应违背本性，而应在理解自己面试风格的基础上，找到与招聘者和团队的最佳互动方式。通过不断练习和反思，求职者可以逐步提升自己的面试技巧，增强自信心，最终找到那个能够让自己发光发热的舞台。

此外，书中关于面试风格评估与其他性格测试对比的讨论，也为我们提供了一个更为宽广的视角。它告诉我们，面试风格评估并非孤立存在，而是与个人性格特质相辅相成，它们共同构成了个体在职业发展中的多维度画像。这种综合性的理解，有助于我们更加全面地认识自己，也为职业生涯规划提供了更为坚实的基础。

总之，这本书的内容不只是关于面试技巧，还有对自我认知、团队构建与职业发展的深刻洞察。它教会我们，无论是招聘者还是求职者，都应该勇于展现自己的真实风格，同时，还要学会欣赏和理解他人的不同。在这个过程中，我们不仅能够找到最适合自己的团队和岗位，还能够促进个人与组织的共同成长与繁荣。

因此，作为一名在职场奋斗了 20 多年的人力资源教练，我要向每一位奋斗在人力资源领域的同仁，以及所有正在寻找职业道路的朋友强烈推荐这本书。感谢工作室翻译团队的努力，有了你们，这本书才得以问世。

面试是一门科学

我猜，你之所以会打开这本书，是因为想学习如何更好地进行面试，恭喜你已经迈出了第一步。

在做了大量研究且面试了上千人之后，我发现，每个人的面试风格并不相同。有些人很乐意回答有关自己的问题，也很喜欢面试；有些人则会在听到别人询问自己的情况时局促不安，他们从来没有在面试中感到舒服过，更谈不上感到兴奋了。有些人希望讨人喜欢，有些人想要做自己。有些人不想出差错，有些人想融入群体。面试风格本身没有对错之分，也没有高下之别，不过，在如今的面试策略中，人们并没有关注到这一点。目前，关于如何面试的书有两种：一种是针对某一目标职位，就其所需的职业技能等编写得极为具体的书；另一种是提供模板答案的通用书，仿佛只要记住这些答案就能找到工作。

这本书与以上两种书有很大的不同。本书是同时为求职者、招聘者和面试官而编写的，适用于任何行业和任何级别。它不会为你提供“完美的面试答案”，因为我不相信会有这种东西。就算是有，我也不认为所谓的“完美的面试答案”能帮你找到合适的工作。

我先是在人力资源部的招聘岗位工作了 10 年，之后又做了 10 年的职业培训教练，所以对面试双方的情况都很清楚。有一点我可以肯定：**从最基本的意义上讲，面试就是交流一系列关于自身的问题。**如果你知道自己是谁、想要什么，就能表现得更好。对招聘者和面试官来说也是如此，了解自身、了解自己的偏见和喜好，以及自己给别人留下的印象，同样有助于招聘者和面试官更好地完成招聘工作。过往市面上的那些书中的建议不太可能让你在面试中了解自己是谁，而这本书能做到。

面试是一门科学，我以大量研究和几十年的面试经验为基础，对面试学做出了全新的科学解读。由于求职者的面试风格并不相同，所以我将本书面试学的基础建立在了我发现的四种截然不同的面试风格之上，即魅力型、挑战型、审视型与和谐型。请注意，**这四种面试风格的价值相当，并没有高下之别和效率之差。**

在这本书中，我分享了自己关于这些面试风格的研究成果。我相信，深入了解自己和他人的面试方法，可以助你从中找出所需信息，从而在面试中脱颖而出。这不是照本宣科式的模板答案，也不是老生常谈的无用建议，而是加深自我认知的一种有效方式。我希望自己能对面试风格做出全新解读，对面试准备策略进行彻底变革。

在本书的第一部分中，我将分享自己是如何发现这四种面试风格的，以及我为什么认为它们是未来面试的关键所在。在第二部分中，我将深入讲解每种面试风格，比如，不同风格的求职者优先考虑的是什么——魅力型想要讨人喜欢，挑战型想要做自己，审视型不想出差错，和谐型想要合群，每种风格是如何进行面试的，他们在面试中是如何回应对立观点的，每种风格的优势及滥用这些优势的风险是什么，每种风格是如何帮助求职者得到认可的，以及不同风格的使用方法是什么等。在结语中，我将分享自己在发现这四种面试风格的过程中所学到的东西。

虽然没有哪种面试风格是绝对正确的，但采用一些有效方法确实可以提高你在面试中获得成功的概率。是否有人因打破常规、另辟蹊径而得偿所愿？当然有，但这种情况很少见。遵循传统智慧往往能够有所助益。例如，“提前 15 分钟到达面试地点”就是一个很好的建议，因为迟到了就很难再给人留下好印象。在本书中，我将针对每种面试风格，分享一些能让面试官和求职者都表现得更为优秀的可行性建议和技巧。我还将强调一些有关面试的常见误区，并揭示我在研究过程中发现的普遍规律。这些内容也被列在了附录中，供你参考。

在本书中，我还抛砖引玉，分享了自己的人生经历，以及我的客户、学生的故事，希望阅读本书的你也能不吝分享自己的故事。[①] 同时我还希望，你在了解了自己所属的风格后，能明白自己在面试中会给人留下怎样的印象，这样你就知道自己该如何展现最好的一面，而非刻意伪装成其他模样。

为了确定你的面试风格，我创建了一个经过科学验

① 在某些情况下，为了保护我的客户、学生的隐私，我采用了化名。其他均为真名，且都已获得了当事人的许可。在概述四种面试风格时，我为每种面试风格挑选了一位客户作为代表，仅作为示例，不过要注意他们的行为特点并不代表该风格的全貌。

用面试的科学精准选人

INTERVIEWOLOGY

The New Science of Interviewing

面试官风格	对魅力型求职者	对挑战型求职者	对审视型求职者	对和谐型求职者
魅力型	平衡互动性与专业性，适时打断过度发散的话题，用“这个经历中，你用了什么方法达成结果”等问题引导对方聚焦成果，展示其真实能力	用开放式问题激发讨论，比如“你对这个岗位最看重的三个要素是什么”，重点评估对方能否将批判性观点转化为建设性意见	放慢节奏，引导其放松表达，挖掘专业深度，避免因对方的严谨而忽视其潜力	主动创造安全氛围，减少其因害怕冲突而隐藏真实想法的倾向，可通过追问细节挖掘其潜力
挑战型	用标准化问题锚定细节，追问数据和结果，并适当质疑其表述的合理性，观察其应对压力的能力	直接回应其质疑的核心，引导其从“挑错”转向“解决”，避免对立	询问技术细节或流程节点，鼓励对方用数据和步骤化表述展示逻辑	收敛强势态度，用“在这个团队项目中，你独立负责的部分是什么”等问题，引导其明确个人贡献，避免被对方“团队优先”的表述掩盖个体价值
审视型	要求对方用具体案例和数据支持自己的回答，强调STAR法，避免被对方的个人魅力或社交技巧分散注意力	以开放性问题鼓励对方表达观点，应关注其内容而非表达方式。但需设定边界，避免陷入无谓的争论	设计多阶段技术问题，评估对方的系统思维；要求对方展示工作成果的验证方式与改进过程	要求对方用”背景—行动—结果”框架具体说明团队贡献，并明确个人作用；对每个优势立即追问案例和数据支撑；重点评估对方面对分歧的独立判断力
和谐型	建立信任后突然深度追问，比如”你刚才提到很擅××能力，能否举个最近半年的具体例子”，观察对方是否用具体案例替代泛泛而谈，个人贡献与团队成果的区分是否清晰，以及对缺点的坦诚程度	开场先示弱，降低对方的对抗感，用“假设我们遇到××难题”的情景题，让对方把尖锐的问题投射到业务场景，而非针对面试官本人	提问由浅入深，注重数据导向，比如“能否用2分钟讲一个你优化流程的具体指标”，给予对方思考的时间，并且采用温和追问的话术，鼓励补充技术细节	以轻松的话题迅速拉近距离。用“我们”视角（“在我们团队里，你觉得自己能怎样帮助同事”）温和追问具体场景，避免让求职者因谦逊而遗漏关键成果

确认你的面试风格

和谐型

特质

善于倾听　# 乐于接受他人的意见　# 喜欢了解别人的过程　# 充满热情、愿意合作　# 害怕改变现状，担心无法融入群体　# 往往会有所保留，尤其是面对不认识的人，或者在权力失衡的情况下　# 认为面试是尝试融入团队的机会　# 通过合群、顺从来得到认可，让你觉得这个职位非他莫属

优势	隐忧
随机应变	毫无准备
灵活	太过灵活，没有原则
随和	缺乏主见
善于观察	袖手旁观
敏感	抑制自己的情感
乐于合群	随波逐流，缺乏自己的方向
关注外部	过度在意他人，而非自己
/	/

如何平衡自己的风格

- 向魅力型的人学习，掌握自己的节奏，也不让人觉得突兀
- 学习审视型的人身上的坚定，追求自己的目标，满足自身的需要
- 像挑战型的人那样，不去过度在意对方，关注自己的需求，这样在面试中能够更加自如

内向

审视型

特质

往往很安静，专注地倾听他人　# 对形势进行评估　# 注重隐私　# 喜欢给出真实、可靠的答案　# 给人的印象是较为自我、值得信赖　# 通过精确的表达来展现自己的能力，让你觉得这个职位非他莫属　# 不担心会被人认为严肃、不苟言笑、公事公办　# 只要觉得自己观点正确，就会直言不讳

优势	隐忧
严肃	态度不定、漠不关心
专业、公事公办	答案很单一，都是关于工作的
准确且以事实为基础	回答很简短，只给出事实
不在乎自己是否讨人喜欢	让人感觉冷漠、冷淡
注重专业技能	过于关注技能，而忽略了建立联系
完美主义者	过于挑剔、盯着错误不放、不能接受事物的本来面目
知识渊博	过于苛刻、对一切都抱着批判态度
注重分析和逻辑	淡化了其他有趣的品质，从不展示私下的一面

如何平衡自己的风格

- 学着包容，像魅力型的人那样享受了解一个人的过程
- 像挑战型的人那样放开自己
- 利用和谐型的适应性和随和性来表达自己的观点

和谐型倾向的
审视型

用面试的科学成功求职

INTERVIEWOLOGY

The New Science of Interviewing

求职者风格	对魅力型面试官	对挑战型面试官	对审视型面试官	对和谐型面试官
魅力型	快速建立共鸣，用故事和情感连接，但需用数据（STAR法）证明自身专业能力，避免过度迎合	提前准备尖锐问题的答案，用逻辑和案例支撑观点，避免被“带节奏”	减少闲聊，聚焦技术细节和量化成果，用精确回答替代情感表达	主动分享团队贡献案例，强调如何帮助团队成功，避免独占话语权
挑战型	控制质疑欲，先建立轻松氛围，再逐步提出尖锐问题	准备充分，用事实和逻辑对抗，避免陷入“辩论赛”	聚焦技术细节和流程，用数据回应质疑，避免过度发散	放缓语速，多倾听，用“团队视角”包装观点（如“这对团队有何帮助”）
审视型	提前准备简短故事（STAR法），避免纯技术汇报，适当加入个人动机	预判尖锐问题，用分点回答（如“三点原因”），避免被追问打乱节奏	展示极致严谨，用数据、证书、案例证明自己“零失误”	先回答技术问题，再补充“如何帮助团队”的案例，避免显得冷漠
和谐型	跟随对方节奏，用“我们”开头强化团队感，但需明确个人贡献（如“我主导了X部分”）	提前准备“冲突解决”案例，用“倾听—妥协——共赢”框架回应质疑	结构化回答（如“背景—行动—结果”）满足对方对逻辑的需求，减少模糊表述	避免过度迎合，用“我”陈述个人成就（如“我如何帮助前团队提升20%效率”）

和谐型倾向的魅力型

标准魅力型

挑战型倾向的魅力型

魅力型

特质

很容易敞开心扉　# 喜欢谈论自己　# 擅长讲故事　# 为人友善，想和你建立私人关系　# 如果能够实现目标，就会全力以赴　# 把面试看作一场表演　# 会点头微笑，全身心投入　# 通过展现热切的态度，让你觉得这个职位非他莫属

优势	隐忧
热情	过于急切，容易显得空洞虚浮
有吸引力	过于强调对话
寻求认可	忽略大局
充满自信	显得过于霸道
乐于沟通	过犹不及
注重建立私人联系	过于关注人际关系，忽略了自身的资质
容易引起人们的注意	缺乏实质内容
善于讲故事	可能会让人筋疲力尽，绕着圈子说话，但讲不出实质性的观点

如何平衡自己的风格

- 借鉴挑战型的坚毅，不用太在意别人是否喜欢自己，而是坚持自我
- 学习审视型的职业风范，在讨人喜欢的同时，也要突出自己的专业性
- 学习和谐型的自然倾向，加深对于目标人群的理解，多问他们如何适应公司的企业文化，而不是向他们推销公司

外向

魅力型倾向的挑战型

标准挑战型

审视型倾向的挑战型

挑战型

特质

敢于批评　# 对形势进行评估　# 意志坚定　# 不怕提出尖锐的问题　# 乐于提供新的视角，深入研究某个主题，以便更好地理解它　# 把面试视为一种辩论或盘问　# 通过一针见血的质疑，让你觉得这个职位非他莫属

优势	隐忧
强韧	不太灵活
热情、投入	过于热情、太过热切
真实	缺乏沟通技巧
坚定	傲慢
注重专业技能	过于关注技能，而忽略了建立联系
强硬	过于激进，寻求对抗
通过提出新想法来展示他们的价值	过于挑剔，看不到好的或积极的一面
有批判精神	容易对人品头论足

如何平衡自己的风格

- 学习魅力型的人，通过灵活运用自己的风格，让自己的态度不要显得过于强硬
- 融入审视型谨慎的天性，努力克制自我
- 学习和谐型的自然倾向，多问别人如何适应公司的企业文化，而不是告诉他们应该怎么做

证的面试风格评估程序。该程序由一系列问题组成，主要围绕着你面试的方法，以及在面试中的表现展开。完成评估后，你将获得一份面试学档案，从中你可以全面了解自己的测评结果。如果你已经拿到了自己的档案，你就会知道：每个人的结果都是不同的。该档案详细地描述了你的情况，包括你的面试方法，以及需要改进的方面。如果你还没有完成相应的评估，拿到自己的面试学档案，我强烈建议你先完成这一步，本书的内容可以与你的面试学档案配套使用。读完这本书，你可能会对自己的面试风格有所猜测，但真实的结果也许会让你大吃一惊。比如，有些人明明很内向，但在面试中表现得很外向；有些人在家里是和谐型，在面试中却是魅力型。唯一能确定自己面试风格的方法，就是参加评估。[①]

① 想要了解你的面试风格，获得为你量身打造的、教你如何准备面试的相关档案，请访问 www.TheInterviewology.com/getmyprofile。

目 录

第一部分
首创面试风格理论

第二部分
让面试风格成为你的竞争优势

Interviewology

第 一 部 分

首创面试风格理论

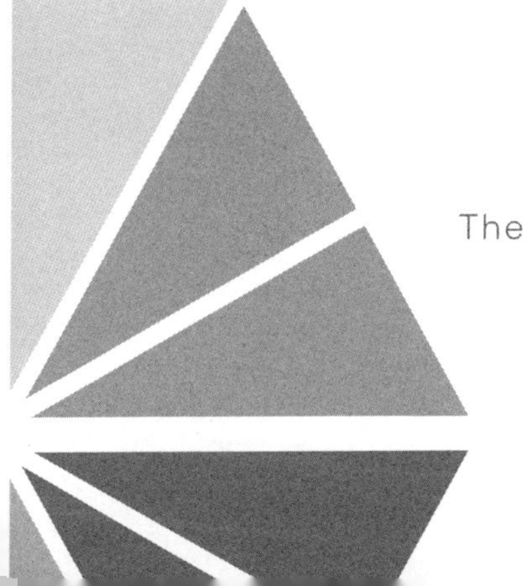

The New Science of Interviewing

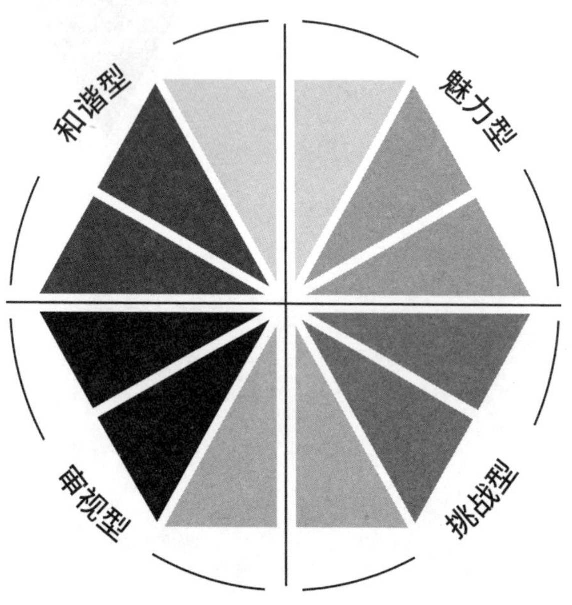
和谐型
魅力型
审视型
挑战型

第 1 章

从求职者到面试官

- **面试和心理治疗很相似：面试官向求职者提问，从回答中找出他们的闪光点，看看他们是否适合其应聘的职位。**

- **面试过程的关键在于，面试官要弄清楚求职者是在骗你还是他本身就缺乏自我认知。**

- **选择符合自己喜好的求职者，是招聘者必须打破的偏见。**

15 岁那年，为了逃离继父的虐待，我从家里跑了出来。平时，他只要心情不好，就会拿我出气，有时甚至会毫无来由地痛揍我一顿。除了离家出走，我别无选择，但当时年仅 15 岁的我并不知道自己能去哪里。幸运的是，我的爷爷收留了我。此外，我还找到了唯一能做的工作——在一个加油站的三明治柜台当帮工。我的老板很理解我，因为她和我一样，很早就离开了家。我当时觉得自己很幸运，因为不仅摆脱了继父的阴影，还有了工作。7 年多来，恐惧的乌云第一次离开了我。

然而，好景不长，这样幸福的日子只持续了一年多。有一天，我放学回到家里，发现挚爱的爷爷倒在了门厅处。他从楼梯上摔了下来，拼尽全力爬到了门边，却再也没有力气把门打开，在冰冷的地板上趴了几个小时后，爷爷才被救护车送去了医院。

我们之后得知，他中风了，右脑严重受损，以后再也无法行走和说话。

当时的我伤心欲绝，因为唯一保护我、信任我的人也将离我远去，我又要孤零零地面对这个世界了。我的奶奶也悲痛不已，她一心扑在了照顾爷爷这件事上，每天寸步不离。

有一天，我上完一整天的课后，又去店里工作了 5 小时。回到家后，姑姑跟我打了声招呼，让我坐下。她不安地搓着手，似乎很难开口，身旁放着一个黑色的大垃圾袋。她是来帮奶奶做些力所能及的家务的，显然她觉得对奶奶最大的帮助就是打扫房间，并且要先把我扫地出门。

她认为我必须回家去跟妈妈和继父一起生活，但我拒绝了。我告诉她，我不能回去，因为继父总是打我，我真的很害怕。但她根本不听，反而让我交出爷爷奶奶家的钥匙。她一再强调，这个家已经不欢迎我了。从口袋里掏出钥匙链的时候，我的手一直在颤抖，根本没有办法把钥匙从上面取下来，所以，我把整串钥匙都递了过去。钥匙链上挂着一个塑料小贝壳，那是多年前我和爷爷去海滩散步时他送给我的礼物。如果没有他，没有那把钥匙，我早就无家可归了。

我站起身来，把那个黑色垃圾袋扛在了肩膀上，然后走出家门。我又一次无家可归了。走过两个街区后，我满脸泪痕地敲响了老板的家门。她张开双臂，欢迎我的到来。

不久之后，我在一家更大的便利店找到了一份新工作，这里卖三明治的柜台也大多了。便利店所在的这栋楼是在新老板的名下，而便利店的楼上就有一间公寓，之前的租户搬走后，新老板就把房间租给了我。就这样，我和几个同事成了室友，房租直接从工资里扣除，一切都稳定了下来。

尽管经历了很多坎坷，我还是决定继续读书，因为我唯一的目标就是考上大学。

高三伊始，我就陷入了挣扎，繁重的课业和工作让我不堪重负。我担心自己的成绩达不到毕业标准，所以去找了校长，告诉了她我家里的复杂情况。我真的很想上大学，但又担心自己因打工无法完成学业，因为我每天都得打很久的工才能养活自己。可如果不去打工，房租就没有了着落。校长听完后没有说话，只是点了点头，带着我穿过走廊，来到了教务老师的办公室。她嘱咐老师只给我安排毕业所需的 3 门课程，这样我只需上午 10 点到下午

1 点在学校，其他时间就可以去工作了。

最终，我通过了 3 门课程的考试，心中的悲伤也逐渐淡去。靠着努力工作，我付清了房租，同时也顺利从高中毕业。支撑我走下去的唯一动力，就是逃离这个地方，考上大学就是我的出路。我生活的地方是个小城，每个人都知道我的过去。如果考上大学，我就可以拥有一个全新的起点，像普通人一样融入社会，把这一切抛诸脑后。

我申请了常春藤盟校之一的宾夕法尼亚大学，选择了心理学专业。在被录取前，我参加了学校组织的面试。我讲述了自己的故事，并不是为了打感情牌触动他们（当时我对这种手段十分不齿），而是为了解释清楚为什么我没有参加体育项目，以及为什么我的平均学分绩点（GPA）和学业评价测验（SAT）成绩低于其他申请人。我知道，单看这些条件，我比不上其他人，但我深知，自己的经历给了我其他竞争对手所不具备的东西——决心和应变能力。我想让面试官知道我付出了多少努力，我所做的一切都是为了进入大学，拿到那张能改变人生的入场券。

面试结束时，院长看着我说："帕帕莉亚小姐，你要做一个艰难的决定了。是回家等录取通知，还是现在就当场接受呢？"我当然选择了后者，因为我确信，如果离开的话，他肯定会改变主意的。

我的一生正是从这场面试开始发生了翻天覆地的变化。

面试的本质是心理学

此后，我搬到了费城，开始了求学生涯。

在我读大一的时候，现在已是著名餐厅老板的斯蒂芬·斯塔尔（Stephen Starr）刚在宾夕法尼亚大学校园里开了自己的第五家餐厅。他以严格著称，他提供的工作面试难度很大，对服务员的要求也很高。尽管如此，我还是想去他那里工作，因为他的餐厅很受欢迎。我还听说，有的服务员一个班次就能挣到 500 美元。如果我每周工作几个晚上，就能多赚些钱，这样不仅可以付清房租和学费，还可以使我白天有更多时间投入课程学习中。

参加面试的人数众多，竞争非常激烈。面试地点在餐厅总监艾梅·奥莱克西（Aimee Olexy）的开放式办公室，大家在中间的办公桌前一一坐定。这样的压力算不上什么？我不这样认为。别忘了，你在面试的时候，其他求职者都在看着你呢。

奥莱克西一向以敏捷、果断而著称，她只提了几个问题。我记得其中一个是："你的服务理念是什么？"我的回答是："我认为，一开始就要把事情做好。如果知道客人的需求，那就一次做好。这不仅可以让客人满意，还能节省自己的时间，少做重复劳动。在繁忙的餐厅里，时间就是生命，客人的满意就是最高标准。"在我回答的过程中，我看到她的眼神从怀疑逐渐变为欣喜。如果面试官有这样的反应，你就知道自己十拿九稳了。

我为斯塔尔工作了 5 年，其间服务过很多名人，也曾连续上过 12 小时的班，还顶撞过"恶霸"主厨。在这当中，我学会了如何同时处理多项任务，如何营销，如何与陌生人交流，以及如何表现得优雅且专业。

酒店行业深深吸引了我，因为我性格外向，喜欢与人打交道。有的人对数据敏感，有的人深爱自然，有的人痴迷于设计，而我对人性充满好奇。这就是我学习心理学的原因，我想加深对人的了解。

除了在餐厅工作，我还在行为健康部门实习过，负责观察特殊案例。我学习了组织心理学和变态心理学，进行了一些心理学实验，也撰写过不少论文。但对我来说，当服务员不仅仅是一份薪资丰厚的好工作，还是心理学专业的延伸课堂。每张餐桌都是一个新机会，让我可以去了解他人，尝试新的语气、新的方法和新的互动方式。我服务过数千名顾客，这给了我数千次调整沟通方法、获得即时反馈的宝贵机会，绝对称得上是一场大型心理学实验。

当服务员的经历，不仅让我学会了如何与其他同事相处，还让我认识到了每一名员工的重要性。餐厅的每个部门都必须齐心协力，因为一旦某个环节出了问题，所有人都会受到影响。想要实现团队高效合作，招聘时就需要极为审慎。因为一旦招了不合适的人，整个餐厅都会受到影响。

每当出现用人不当的情况时，我都会小心翼翼地向总经理反映。一天晚上，他举起双手说："如果你觉得自己能做好面试工作，那就去试一试。"我答应了，随后在每个部门都设立了面试联络员，负责面试求职者。我认为，包括我在内的这些联络员最清楚成功所需的条件，如果团队要招人，我们应该最有发言权。

在大学阶段，我只是把这份服务员的工作当作谋生的手段，我以为，正式步入职业生涯后，自己就会把这段经历抛在脑后。但第一份工作的影响非常深远：在餐厅工作，让我学会了如何处理多项任务，如何掌控全场，如何营销，最重要的是，我对面试工作产生了浓厚的兴趣。

我下定决心：也许进入企业工作比成为一名心理学家更适合我。5 年后，我挥别校园，开始从事人力资源方面的工作。

直觉不可靠，面试要靠科学

我的第一份正式工作，是在一家大公司担任人力资源专员，整个人力资源部共有 8 人。我的主要职责是及时更新员工档案、主持和监督员工入职前的测试，以及整理大量文书。我会进入这一行，不是因为我喜欢应付各类文书工作，而是因为我很喜欢和人打交道。说实话，我其实并不擅长文书工作。所以很快我就对这份工作失去了兴趣。

不过，后来公司的招聘专员实在忙不过来，就请我帮她进行电话面试，初步筛选求职者。我很开心不用再埋头于纸堆，所以紧紧地抓住了这个机会。我不敢相信，公司会付钱让我每天进行电话面试。我非常喜欢这份工作，简直无法自拔。一份能发挥自身天赋的工作，往往能给人带来惊人的变化。我从来没有接受过这方面的正式培训，但据我所知，其他人也没有。我甚至没有被告知要招聘什么职位，我只知道有很多职位空缺，经理都火急火燎地催我们招人。我从来没有拿到过招聘手册，甚至都没有人提起过，多年以后我才知道，公司根本就没有这个东西。为公司的空缺职位找到合适的人，这就是我在招聘时秉持的唯一指导原则。

面试过的人越多，我越深刻地意识到，面试和心理治疗其实很相似（这份工作对主修心理学的人来说再合适不过了）：面试官在向求职者提问时，需要从中找出他们的闪光点，看看他们是否适合其应聘的职位。这一过程中的关键之处在于，要弄清楚对方是在骗你，还是他在自我认知上本身就是稀里糊涂的。

和很多招聘经理一样，我也是带着个人偏好和明确目标来做这份工作的。在高压力、高标准的环境中工作和学习多年后，我在招聘时最看重的是专业性和亲和力。对于不够专业、悟性不足的求职者，我总是兴趣缺缺。在餐厅当服务员的那些年里，我提升了自己的亲和力，塑造了自己的魅力，我认为，这是让人们喜欢我的必要条件。进入人力资源部门工作后，我也用这些指标来判断求职者是否表现出色。

对那时的我来说，面试就是一场表演，讨人喜欢就是最重要的衡量标准。我在自己求职的面试中发挥得都很不错，结果也很成功，因此我认为，如果求职者在面试中的表现不如我，或是没有达到我的预期，那就是没有准备好、不合适或不合格，我就会直接跳到下一位求职者。当时的我觉得，自己的面试方法就是最佳方法。

一年后，当我意识到自己更喜欢从事招聘工作时，我选择了离开。我知道，如果想成为一名出色的招聘经理，就必须全职从事这一工作，同时向其他优秀同行学习。于是，我去了一家规模不大但颇具实力的猎头公司。

在那里，我学会了如何筛选简历，如何与陌生人进行电话沟通，如何准备面试以及如何坚持不懈。我了解到，并非所有公司的面试和招聘流程都是一样的，所以我也在那里学到了面试时需要秉持的基本原则。不过，要说我学到的最重要的东西，大概就是那些成功得到职位的求职者的行为方式：如何展现自身的与众不同，回答问题的方法，穿着、举止、态度和肢体语言，等等。除此之外，我还了解到各招聘经理的喜好，以及被推荐的求职者是如何打动这些人的。

紧急招聘和储备人才都是工作的一部分，根据企业需要而展开。在完成一个职位的招聘之后，你就可以继续物色下一个职位的人选了。然而，情况总是瞬息万变，结果也可能会令人失望。比如，企业更改了招聘要求；另一位负责招聘的人接手了你忙了很久的工作；你原本招到了最合适的人选，企业也发出了邀请，但求职者最终拒绝了。总之，有很多事情都不是自己能控制的。

所以两年后，我离开了猎头行业，去了企业内部的招聘部门。我很喜欢招聘工作，很怀念那些与各部门经理通力合作、和团队成员共同努力的日子。再后来，我又进入了一家保险经纪公司工作，这家公司曾隶属于某大型银行，而我是公司资产剥离后的第一批员工。当时，公司还没有名字和 Logo，也没有明确的企业文化，我的任务就是帮助公司明确定位，并根据这一定位找到合适的人才。一切都要从头开始，这充满了创业般的新鲜感，令我感到无比激动。

在接下来的日子里，我撰写了职位说明，发布了招聘广告，参加了招聘会，还一手打造了实习岗位设计、人才输送计划、员工推荐奖金等数不胜数的项目。因此，在短短几个月内，我就得到了晋升。一年多后，我开始负责整个招聘部门的工作，成为公司的人才把关人。我与每一位高管合作，为每一个职位制定招聘策略，招聘从初级文员到执行副总裁的各级人才。当时我觉得，自己真的在做一些能改变公司的事。

通常来说，我会凭借直觉做出快速的初步判断。我只需不到 6 秒钟的时间就可以扫完一份简历，然后决定是否要进行电话面试。与之相比，内部推荐高度优先。如果简历上有工作空档期、奇怪的工作经历或错别字，这类求职者就会立刻被我拒之门外。我会同时负责很多职位的招聘工作，目标是尽快填补空缺。我的奖金和绩效考核都是基于招聘工作的完成情况，而非以何种方式完成招聘任务。整整 10 年，我就是这样进行招聘的。我总能招到合适的人，也正因如此，我从来没有质疑过自己的方法。当然，这是后话了。

在与数百名招聘经理合作，并面试了数千名求职者之后，我开始注意到，招聘经理拥有不同的招聘风格。有些招聘经理会在整个面试过程中滔滔不绝，却从来没有问过求职者一个问题；有些招聘经理则有着奇奇怪怪的要求，他们认为某些特定的东西能让人获得成功。我听过很多类似的话：

> “只有在大学里参加过体育运动的人，才能成为一名优秀的销售人员。”
>
> “如果一个人在面试中不做笔记，我是不会

招他的。”

“我不会面试那些简历上没写 GPA 或 GPA 在 3.5 以下的人。”

“GPA，什么是 GPA？我只想招一个能和团队和睦相处的人。”

“要有亲和力，要能融入集体。”

如果你只想让这些招聘经理满意，那么符合要求的求职者只可能是运动员、爱记笔记的人和成绩优异的人。招聘这些人，不是因为你认为他们身上的这些品质很重要，而是因为你只想迎合招聘经理的喜好。之所以这样做，是因为这就是你的工作。

招不到人时，招聘经理往往会觉得是求职者不够优秀。他们有说不完的案例，吐槽求职者根本没有做好准备，求职失败怪不得别人。大家经常会抱怨离职率高、招人难、人才储备不足，却很少有人会将其归咎于招聘方缺乏领导技能、缺乏培训或管理人员的决策失误。一个人身居高位时，就很容易对下面的人横加指责。

在担任人力总监的最后一年，我开始用不同的眼光看待求职者。在面试中，我开始注意到那些毫无准备、摇摆不定的求职者，我想帮助他们，告诉他们正确的答案，指导他们该如何进行沟通。这种转变似乎发生在瞬息之间，我也不知道自己为什么改变了一直以来的招聘方式，但我清楚地记得发生转变的那一刻。

那一天并没有什么特别，我依然连续安排了多场面试，不过，其中的一场面试最终改变了我的职业轨迹。当时，我正在面试一个内部会计职位，3 场面试下来，我和这些求职者并没有形成任何默契。我在离开面试现场后想到，如果这种情况发生在几年前，我一定会把这 3 位求职者都赶走，然后继续寻找下一个。但不知道为什么，我开始意识到，问题会不会不在求职者身上？我开始怀疑自己的选人动机和招聘方式。回到办公室后，我陷入了深深的思考。

我望着窗外的人造池塘，自问道：我为什么一定要和求职者形成默契呢？在这之前，我从来没有审视过这个想法，从来没有静下心来问过自己：为什么我会偏爱符合自己喜好的求职者？为什么我要招聘一个和自己一样的人呢？

沉思中，突然一个想法迸了出来，从此彻底改变了我对招聘工作的看法：我是否对求职者怀有偏见？不会吧？！这个想法让我震惊不已。

那时候，多元化和包容性培训还不像今天这样普及。我困惑地盯着池塘中央的喷泉，然后开始思考：为什么我会想和求职者形成默契？为什么我会觉得这是录用某个求职者的必要条件呢？我突然意识到，这是因为我自己就是这样应对面试的。那一刻，我感到很惭愧。我意识到，自己多年来评估人才的方法是错误的，自己走错了方向。

在那之前，我招聘人才的标准之一就是他们要与我形成默契，但如今我意识到，这并不是会计师所需的工作技能。这个职位不是面向客户的，他们不需要与人建立关系。该职位的工作职责是对总账和分账进行核对。当我放下自己的需求，开始真正关注求职者时，我才意识到这份工作真正需要的素质是什么，默契并不在其中。

于是，我用全新的眼光回顾了刚刚面试过的 3 位求职者，发现其中有一位非常适合这份工作。但当我用自己的标准来评判他时，我并没有看到这一点。所以，我最初的评价并不准确。

我不禁扪心自问：自己之前到底错过了多少人才？我内心充满了震惊和歉疚，只能继续呆呆地盯着池塘。我暗暗发誓，以后一定要做得更好。

在那之后，我开始审视自己：我是如何评估求职者的？我能否帮助他们在面试中表现得更好？就如何改进求职者和招聘经理的面试方法这一问题，我给予了更多关注。当我向公司总裁递交辞呈时，最震惊的其实是我自己，我竟然想开创自己的事业了。

Interviewology

第 2 章

对面试的全新科学解读

The New Science of Interviewing

- 做好面试准备的关键不在于西装是否合身，而在于自我认知。

- 想在面试中表现优异不在于你做了什么，而在于你采取的方法。

2011 年春天，当我离开公司开始从事咨询工作时，我既没有什么商业计划，也没有大客户储备。我之所以会投身咨询行业，不是因为在这一领域我可以大赚一笔，而是因为我觉得有必要改进一下面试方法。

我的首位客户是同样位于费城的天普大学，之所以能够结识校方领导，是因为我之前聘用的所有实习生，都来自该校享有盛誉的风险管理项目。在听说我转行的事以后，这位校方领导请我重新设计了学校的职业发展项目，并负责讲授面试技巧。第一次见面时，他说："既然你已经对面试双方都有了深入了解，那你一定很清楚，求职者的哪些地方需要保持，哪些地方需要改进。"

为了这门课程，我不得不从头开始构思。关于如何面试，我编写了一本手册，搭建起了整个课程框架，并设计了一个长达 3 小时的互动式的面试技巧工作坊。校方只给了我一叠过时的讲义，这些讲义在 20 世纪 80 年代就已经开始发给学生使用了。负责企业招聘的这些年，让我对招聘经理的需求有了深入了解。但除此之外，我并没有太多可用的资料。

我做了一些调查，结果发现，当时市面上根本就没有讲授面试技巧的工具书，也没有相关教材。大多数有关面试的书都只关注一个部分：如何回答面试问题。于是，我开始编写一本全面又通俗易懂的面试手册，作为课程的补充读物。手册中讲述了一些高级技巧，也包含了面试须知的相关知识，从如何穿衣打扮，到采用何种坐姿才能更显自信，再到需要准备什么问题，应有尽有。

5 年来，每年我都会一对一帮助 600 多名学生和 200 多位私人客户。每周我会讲授 3 节面试技巧课，每节课 3 小时。我还会为学生提供长达 20 分钟的简历修改指导，亲自帮他们编辑文本、调整格式。除此之外，我还会组织 30 分钟的模拟面试，我会把学生的面试过程录下来，然后就其表现提出反馈意见。

除了与大学合作，我还为大公司的招聘业务提供咨询服务，每年都会指导数百名招聘经理。这种感觉，就像是取得了一个面试专业的博士学位一样，让我感到充实而自豪。

我教过成千上万的客户如何握手，如何精心设计一场精彩的演讲，如何利用乘电梯的时间说服对方，以及在面试中如何通过调整坐姿，来让自己看起来不那么紧张。与此同时，我还修改了成千上万份简历。在模拟面试中，我和客户坐在一起，看着他们哭泣、生气、结巴。在这之后，我会指导大家如何回答刁钻的面试问题，如何进行谈判。我也会给出反馈意见，既有赞不绝口的情况，也有毫不避讳地表示大失所望的情况。

我的客户中，有在企业界工作了 30 年、功成名就、成熟优雅的执行副总裁，也有唯一的工作经验只是暑假在冰激凌店兼职的大学新生。他们的故事各不相同，但主题是一样的：

“我已经参加了 5 次面试，每次都被拒之门外。”

“我马上就要参加面试了，但我很害怕，因为我已经 10 年没有参加过面试了，而且上次的面试我还搞砸了。”

“我为什么会这么紧张？”

“我不太愿意谈论自己。”

“我不喜欢面试。”

“我不擅长面试，这一点估计永远都没法改进。”

我的客户形形色色，有的人迷茫，有的人缺乏安全感，有的人态度充满挑衅，有的人战战兢兢，有的人忧心忡忡……但他们有一个共同点：都想在面试中表现得更好，通过换个工作或升职加薪来改善自己的生活。

有些客户努力钻研，做足了准备工作，提升了自己，拿到了理想工作。但也有些客户就是达不成目标，原因并不是他们对那份工作不够渴望。我也不明白为什么会如此，我相信，每个老师都会在某个时刻纠结于以下问题：他们为什么就是不懂？他们为什么不做作业？有些学生甚至连我写的面试手册都没看过。

多元智能理论的启示

2016 年 9 月，我和丈夫给公公、婆婆准备了一个惊喜——为他们举办了一场盛大的结婚 50 周年纪念派对。琳达姨妈专程飞到东海岸来参加这一派对。在那个秋高气爽的下午，我们坐在后院的走廊上，一边看着后院池塘里的锦鲤追逐鱼食，一边聊天叙旧。琳达是个很健谈的人，她为人风趣，会全情投入对话，还会提出很有意思的问题。因为她有一种孩子般的好奇心和热情，所以她的话非常具有感染力。同样身为教师的她问我，在天普大学课教得怎么样？我和她分享了目前的课程设计和活动，以及在我坐在面试桌的另一端评判他人多年后，此时能够为他人提供的解决方案。在帮助学生和招聘经理学会如何面试后，一种自豪感油然而生。

我的风格和琳达完全不同，我说话直接、不苟言笑，大多数人都会被我吓到。虽然我也很热情，但我没有琳达身上那种母性的温暖。因此我向她坦承，自己很难与一些学生沟通。不管我怎么做，也不管我如何鼓励他们，他们中有些人还是会在简历审核时毫无准备，在面试中铩羽而归，无法在实习中展现出最好的自己。我把这一切都看在眼里，实在是想不通他们为什么不去完成该做的事。

琳达总是会从别人的角度设身处地看问题，她问我："如果他们有不同的学习方式呢？如果你的教学方式没有引起他们的共鸣怎么办？"她继续说道："我在教书的时候接受了关于学习和教学风格的培训，这确实帮我看到了他人的需求，也让我可以更好地和学生沟通。等我回到旧金山，就把之前的文件找出来发给你。"

后来，琳达果真把这些文件发给了我。读完后，我产生了一些想法，并情不自禁地开始思索其中的差异：如果问题在于我的教学方式，而不是我的教学内容呢？

学习风格的理论基础是著名认知心理学家霍华德·加德纳在《智能的结构》一书中提出的观点，他在书中声称共存在 8 种类型的智能：音乐智能、空间智能、语言智能、逻辑 - 数学智能、身体 - 动觉智能、人际智能、自我认知智能和博物学家智能。概括来说，这一理论认为，你的身份会影响你的学习方式和适合你的教学方式。他的理念旨在赋予学习者权利，而非限制他们。

我想了很久，也一直在反思一些问题：这些学生是谁？他们在面试中是谁？我在面试中又是谁？为什么会发生这样的变化？这对我给他们的建议有何影响？也许我的方法并不是他们会采用的方式。为什么我们中有些人与众不同？如果我们之间存在差异，那就意味着我要根据学生的情况，给出不同的建议。

如果没有和琳达的那次促膝长谈，我就无法对面试风格形成深刻的理解。在了解多元智能理论之前，我只是从自己的角度给出建议，根据我的成功经验告诉人们该怎么做，但我并没有思考过这些建议对他们是否适用。琳达让我认识到，促使我成功的因素对别人未必有效，我的方法并不一定适用于所有人。

在我职业生涯的这个阶段，我创办了自己的公司，并且已经运营公司 6 年有余。我曾为很多公司提供过咨询服务，向它们提出了独到的建议，完善了它们的面试流程，从而进一步推动了它们的组织变革。我教会了招聘经理如何更好地进行面试，改进了他们的工作。

我把天普大学福克斯商学院风险管理系的毕业生录用率从 84% 提高到了 100%。学生就我帮他们获得了实习机会对我表示了感谢，其他客户则由于得到了自己梦寐以求的工作而对我十分感激。

我已经完成了既定的目标，即用自己在招聘工作中学到的所有东西来帮助人们。这是一份让人很有成就感的工作，但我并不完全满足于此。我想做更多事，帮助更多人。

2015 年，我有了第一个孩子，这让我的价值体系和看待世界的方式都发生了变化。有了孩子后，我变得温柔了许多。当我看到人们本来的样子时，我的包容心也更强了。

担任招聘经理的时候，我会根据求职者的面试风格快速做出判定。他是安静型的，而她是销售型的……如果求职者太过安静，我就认为他或许没有准备好。如果话太多，我就觉得他似乎很讨厌。这样做，既不科学，也太过武断。事后看来，我把关乎于人的复杂判定方式，武断地简化成了一套有迹可循的捷径。

后来，当我成为一名职业培训教练后，我才有机会真正了解我的客户。我的工作就是问他们为什么总是难以开口表达，为什么总会以之前的方式对待面试。我抛开了之前的想法，开始用心倾听。在这个过程中，我从他们身上学到了很多。

他们中的一些人告诉我，在谈论自己时会感到很不自在，因为他们很注重个人隐私，不会在面试最初的 5 分钟里向任何人敞开心扉。我这才意识到，这种表现与他们对这份工作的渴望程度以及业务水平无关。

还有人告诉我，他们不想提前做准备，这是因为他们觉得随心所欲的感觉更好。准备的过程让他们觉得过于呆板、过于照本宣科了。这让我意识到，原来他们只是想在面试中获得某种感受，但这并不意味着他们的方法就是错误的。

在我们的社会里，当我们教别人该如何面试时，往往暗含着一种假设，即只存在一种正确的面试方法。但是，对于这种面试方法是什么，答案模棱两可——没有人能明确指出，他们也只是“在看见答案后就知道是它”。作为一名职业培训教练，我一遍又一遍地从客户那里听到这句话，他们给自己设定了一个虚构的标准。

当我指导招聘经理该如何评估求职者时，他们也对此感到很迷茫。因为他们不知道该如何针对求职者本身以及求职者的经历与之展开讨论。他们认为，合适的求职者应当以某种确切的方式行事，而当求职者没有满足这种期待时，他们就会觉得有些懊恼和失落，这和多年前的我如出一辙。

如今，作为一名职业培训教练，我看到的实情是，招聘经理和求职者都在同样的问题上挣扎着。每个人都相信存在某种标准，但没有人知道那个标准到底是什么。

怎样才能让面试不再稀里糊涂？怎样才能摆脱只有一种面试方法的想法呢？我想找出解决这些问题的办法。

突然，我灵光一现：如果面试的方法不止一种呢？像多元智能理论那样，面试也有多种风格呢？如果我们在面试中出现意见分歧的主要原因不是对方不合格，而是我们认为双方拥有相同的标准，但事实并非如此，那该怎么办？如果我们对正确的面试方法有不同的看法呢？

创建面试学档案

鉴于我在心理学、招聘、职业教练和教学方面的背景，在某种程度上，我可能是找出问题症结所在的完美人选。因此，我向天普大学申请了收集数据和展开研究的许可。

2017年春天，我怀上了第二个孩子。我还编写了面试风格评估的相关内容，并进行了测试。我邀请朋友、家人和以前的学生参与测试，并收集了一些反馈意见。设计是一个不断迭代的过程，所以我在白天状态良好的时候改了又改、一再调整。对我而言，腹中怀着胎儿，心中酝酿着想法，这两件事情占据了我醒着的每一分、每一秒。整个夏天，我孕态尽显。我经常在半夜和凌晨时分爬起来孕吐，此时我就会通过研究人们的面试方法来稳定自己的情绪。我发现了一种对面试方法进行分类的方法。面试风格评估证明了我的假设，即我们的面试方法是不同的。如今有了数据支持，我终于可以用科学的语言正式讨论这一事实了。

那年秋天，我在自己讲授的九步职业发展课程中，特意把面试风格评估设为了第一部分。如今，在上课前，我的学生必须先参加 10 分钟的评估，从而获得自己的面试学档案，并将其作为课程的教材。我对我的模拟面试官团队进行了面试风格培训，让他们写下学生在面试中给人留下的印象，然后，我们将其与面试风格评估的结果进行交叉对比，以验证评估的数据是否准确。我们发现，该评估和模拟面试官一样，都能捕捉到一些细微的差别，学生也认为自己的评估结果十分精准。他们在其中看到了真实的自己，某些方面的评价让他们觉得自己得到了认可。

我将评估的结果命名为“面试学档案”，在此过程中，我发现面试风格不止一种，实际上有四种类型，我将它们分别命名为“魅力型”“挑战型”“审视型”“和谐型”。基于这一发现，我创建了一种可以判断一个人面试风格的方法，它让我们在探讨问题时能够使用一种共同语言，且能帮助我的客户树立自我意识。

我扔掉了 2011 年编写的面试手册，开始用为学生量身定制的面试学档案来教他们如何面试。学生很喜欢这份档案，因为它指出了他们自身需要努力的方向，还让他们感觉自己得到了认可。有一位学生对我说：“我都不知道真的有人会在参加面试时和我一样，我还以为只有我一个人会这么做呢。”这份档案也让身为职业培训教练的我在工作时轻松了一些，因为它让我深入了解了学生的个性，以及他们需要改进的地方，缩短了我在指导过程中所需的了解他们的时间，让我能够更迅速地给予他们帮助。此外，这也让我和教练团队加深了对自身以及自己面试风格的认知。我认为，招聘经理也可以使用该档案。

后来，我为一家中型企业提供咨询服务，在面向女性高管开展领导力培训时，我在课程中加入了面试学档案的内容，并对该企业的招聘经理进行了测试。他们的面试学档案，刚好提供了一种把招聘经理的偏好分别归类的方法。至此，我终于拥有了多年来梦寐以求的工具，即一种用来思考和讨论某人该如何进行面试的正式语言。

在 180 多位评估对象收到测试结果后，我与他们进行了深入交流。根据他们的反馈意见，我对面试学档案进行了改写、整合与补充。就我个人而言，它挑战了我以前所有的认知，把我推出了自己的舒适区。它也让我认识到，这么多年来，我一直自诩专家，其实对面试知之甚少。这项研究是我所有技能和经验的结晶，是我多年来作为面试官所做出的快速判断的总结，以及作为职业培训教练在深入了解客户后的经验成果。它令人大开眼界，让人着迷，也非常让人信服。

在一月的某个暴风雪之夜，我的女儿出生了。三天后，面试学档案的网站也成功上线。我的两个“孩子”，几乎同时来到了世间。

如今，展开面试风格评估是我对所有客户进行面试指导的第一步。我收集了每个参与者的评价，重点关注了两项指标：是否准确，是否有帮助。

参加评估的每个人都表示，他们的结果要么“非常准确”，要么“极其准确”。我的亲身教学经验表明，学生通过该评估加深了对自己的了解，招聘经理也认为它很有启发性，我的教学已经离不开它的帮助了。在 2 000 多人参加了面试风格评估后，我们收集到了足够多的数据，使其达到了美国心理学会的数据可靠性标准。虽然我亲耳听到很多客户说它非常准确，但这毕竟不太严谨，因此，研究的最后一步就是采用尽可能高的标准进行验证。2020 年春天，我聘请了评估标准协会（Assessment Standards Institute）对面试风格评估的准确性进行检验。评估标准协会拥有 40 多年的数据评估经验，在国际上享有盛誉。其在理解评估结构和使用统计数据验证数据可靠性、结构有效性和差异影响方面拥有丰富的专业知识。在他们进行数据评估时，我满心焦急地等待着结果。

那一天，我漫无目的地开着车，因为我 5 岁的儿子在我们跑腿的时候睡着了，我想让他多睡一会儿。就在此时，我的电话响了，是评估标准协会打来的。一整个星期，我都在等待这个电话……甚至也可以说，其实我的整个职业生涯都在等这个电话。

我把车停在路边，感觉呼吸都暂停了。闲聊了几句，丹尼斯·科纳（Dennis Koerner）博士和拉斯·沃森（Russ Watson）博士向我表示了祝贺——我们达到了美国心理学会的可靠性标准。2020 年 4 月，我的面试风格评估得到了科学的测试和验证。

2023 年，在我们的数据库扩大了 3 倍多之后，我再次聘请评估标准协会对其进行数据可靠性、结构有效性和差异影响测试。① 我们再次达到了标准，并得到了第三方

---

① 数据可靠性通常使用 Cronbach's Alpha 法进行评估，这是一种统计测量方法，用于评估心理测评或测验的内部一致性和可靠性。Alpha 值越高，说明测评越可靠；值越低，说明测评项目存在一致性问题。结构有效性指的是某项评估能在多大程度上准确衡量其设计评估的理论结构。建立结构有效性可确保评估提供了准确和有意义的结果，并涉及支持其主张的经验和理论证据。差异影响是评估中使用的一个概念，用于识别针对某些群体的潜在歧视或偏见。它是指某项评估对特定人口群体（例如基于种族、性别、民族或其他特征）的某一个体是否产生了隐性的不公。参见 Dennis W. Koerner and Russell J. Watson. Assessment Selection Standards Guide. Assessment Standards Institute. 2020.

评估机构的认证。值得注意的是，对于我提出的四种不同的面试风格，结构有效性评估的通过进一步证明了我的假设，也证明了我有关面试学的论点是正确的。这就增加了这一理论的可信度，也让我们能够真正称之为“对面试的全新科学解读”。

在本书的后续部分，我将详细论述我的研究成果，在深入探讨四种面试风格时，我会以经过科学验证的面试风格评估为支撑，带你深入了解自己所属的面试类型。

Interviewology

第 3 章

面试风格影响面试结果

The New Science of Interviewing

Interviewology:
The New Science of Interviewing

- 最重要的商业决策往往是在面试中做出的，你聘用的人将改变团队构成、部门效率乃至企业文化。

- 目前的面试流程存在严重缺陷，招聘者缺乏培训、标准化程序缺失、数据匮乏等导致偏见普遍存在。

- 再先进的人工智能也无法讲述你自己的故事。深入了解自身，多多练习面试，才是提升面试表现最无可替代的方法。

- 你的面试风格为你提供了至关重要的洞察力，可以提高你的自我意识，让你无论坐在面试桌的哪一侧，都能表现优异。

迄今为止，面试是获得实习、工作或晋升机会的最常见途径，即使由科技和人工智能支持的在线面试工具在不断发展，预计这种情况短时间内也不会有明显改变。对求职者来说，面试成功与否决定了他们能否得到梦寐以求的工作机会。对公司来说，面试同样重要，因为最重要的商业决策往往是在面试中做出的。你聘用的人将改变团队构成、部门效率乃至企业文化，招到错误的人除了会极大地影响团队的成功和降低决策的有效性，还会导致公司利润和股东回报受损。

了解自己的面试风格有助于我们知晓该如何给人留下深刻印象，如何让别人认为你是合格的（或者明白别人做出判断的依据是什么），以及你在面试中应当优先考虑哪些因素。

面试学的目标是应用独特的面试方法展开一场全新的对话，在讨论该如何进行面试时为我们提供一种正式的语言。试想一下，至关重要的商业决策往往都是在面试中做出的，我们却没有正式的语言来讨论一个人的面试表现，这是不是很奇怪？

我的目标就是让大家在汇报时不要再说“我不喜欢那个候选人”，而是说“我的面试风格是和谐型，如果一个求职者上来就问我敏感的话题，而没有事先与我建立融洽的关系，我就会感到很不舒服”。通常，一个人的面试风格会影响面试结果。作为招聘经理，我们需要考虑求职者的面试风格，以及它是如何与我们自己的面试风格相互影响的。也许有些求职者会提出尖锐的问题，而这正是他们获得肯定的方法。这可能不符合你的风格，或是让你觉得不妥，但并不意味着他们就无法胜任这份工作。

要知道，我们的第一印象往往是错误的，一个人在面试中的表现与实际工作能力并不一定必然相关。你可以想一想，有多少你认识的内向型是真心喜欢面试的？但这并不意味着他们就无法出色地完成工作。

当下招聘流程存在严重缺陷

虽然面试关系重大，但正如我在之前的故事中所描述的，我们在面试过程中仍然会出错，面试双方皆是如此。**在与我共事过的招聘经理中，有超过 90% 的人告诉我，他们从未接受过面试培训。**正如戴维·佩杜拉（David Pedulla）在其著作《成功面试》（*Making the Cut*）一书中所指出的那样，并不存在绝对正确的面试方式，也没有公认的语言或工具，因此，面试成了招聘经理需要自己研究的一件事情。为了准备面试，他们会在网络上进行搜索，会自己琢磨，也会模仿别人的做法。在准备不足的情况下，招聘经理会做出代价高昂的决定，个人偏见也有了滋生的空间。求职者的情况也没好到哪里去，因为他们采纳的大多数与面试相关的建议都是由怀有偏见的人撰写出来的。

女性和非裔美国人时常被排除在美国企业的董事会和高管团队之外，当然，美国的企业并不能代表社会的整体情况，我想强调的是，提高人才多元化其实是一种商业激励措施，多元化的组织在股东关心的所有指标上都表现优异，我们的偏见却把它限制在了极低的水平。

如果一家公司没有对招聘经理展开培训，没有告诉他们该如何以更开放的心态进行面试，那么，不管这家公司在多元化、公平性和包容性方面投入了多少，都很难取得理想的效果。

让组织变得多元化的关键切入点就是面试。如果招聘经理在把关的时候带着偏见去挑选求职者，这就会增加该行为发生的频率，那么他们所创建的组织也会相应出现偏差。招来的这些人很难代表整个社会的情况，他们只是招聘经理自身偏见的体现。

对求职者和招聘经理来说，要在像面试这样简短的互动中，对人做出复杂的判定是很困难的。

行为科学家普拉嘉·阿加瓦尔（Pragya Agarwal）指出："大脑每秒能处理约 1 100 万比特的信息，但我们的意识只能处理其中 40 ～ 50 比特的信息。很明显，大部分的处理过程都是在潜意识中进行的。"

为了帮助我们处理其他信息，我们的潜意识采用了一种名为启发式思维的捷径，即根据我们观察到的模式进行归纳和总结。要吸收的东西太多，时间又太少，所以我们就需要启发式思维的帮助。

但在找工作或招聘员工时，启发式思维又会妨碍我们。想必你已经看过无数篇类似的文章了：某位 CEO 在面试中提出了一个一针见血的问题，该问题可以揭示求职者能否胜任这份工作。或者是通过 CEO 提出的面试问题，我们可以看出一个人能否成为好员工。你肯定也听过这样的故事：招聘经理决定和求职者一起吃午饭，在吃饭前，他会观察求职者会不会在食物里加盐，以此来决定是否要录用对方。我曾与一些 CEO 和公司合作过，他们都有类似的选人捷径，这跟我之前坚持要与候选人形成默契的执念有些相似。

我曾在餐厅偶遇了一位 CEO，在等位时，他与我攀谈了起来。得知我的职业后，他凑到我身边说："我对所有的求职者都会问同一个问题，想不想知道？这个问题就是：如果你是一支蜡笔，你会是什么颜色的？为什么？"他挺起了胸膛，等着我表扬他。但结果恰恰相反，我说："你为什么要问这个问题？这和你招聘的职位有什么关系？你们不是在招水管工和电工吗？这个问题能说明什么工作能力呢？当然了，我知道你是想了解他们的个性，但有比这更好的方法。"问某个特定的问题，或坚持某个特定的流程意味着你是带着偏见进行招聘的。或许，你是在进一步强化自己想要创造的企业文化，即只有选红色蜡笔的人能得到工作。

如果你是一名招聘经理，而你认为自己已经做得非常完美，那你要么是个生手（工作的时间还不够长，还没有犯过重大的招聘错误），要么过于自信，当然，也有可能两者兼而有之，就像多年前我担任人力资源总监时一样。我以为自己对招聘工作已经了如指掌，其实不过是受启发式思维的驱使而已。它快速可靠、简单有效……至少我是这么认为的。用现在的眼光回头看，我发现，自己以前只是在重复招同一类人。我一直相信所谓的直觉，直到如今我才明白，那只不过是隐性偏见。当有 30 个空缺职位需要填补时，快速做出判断似乎卓有成效。但现在我明白了，自己的选人方式只是心有成见而已。

自我意识，提升面试表现的关键

自我意识是指你的言行一致，在心理学中，这被称为“一致性”，即你的自我评价与你的行为相一致。

我认为，**自我意识对于在面试中取得优异表现是最重要的。**普遍存在的偏见会陷我们所有人于不利，而自我意识则是正视和消除偏见的关键所在，同时也是求职者提高面试成绩的关键所在。无论你是求职者、大学生、招聘经理还是公司领导，它都应该成为你的指导原则。然而，培养自我意识并非易事。有研究报告显示，只有 10% ～ 15% 的人真正具有自我意识，而这正是四种面试风格和面试学档案的神奇之处。请试着了解自己的面试风格，因为它是一扇带你通往深层次自我意识的大门。

就像面试方式不尽相同一样，我们的故事也各有差异。我们当然不可能来自同一个地方，拥有同样的机会。通过了解自己的面试风格，深刻反思自己的个人经历或偏见，有助于我们建立自我意识，它不仅能改进我们的面试表现，还能让我们对自己的目标有更加清晰的认知。

组织心理学家塔莎·欧里希（Tasha Eurich）认为："研究表明，当我们看清自己时，我们会更自信、更有创造力。我们会做出更合理的决定，建立更牢固的关系，进行更有效的沟通……成为更优秀的员工，进而得到更多的晋升机会。我们可以成为雷厉风行的领导者，员工满意度更高，公司获得的盈利也有可能连年增加。"这就是自我意识蕴含的力量。

面试风格，应聘成功与招聘精准的关键

求职者：深入了解自己

传统的面试建议往往被简化为：准时到达面试地点，把棘手问题的完美答案背诵下来，但我从来不这么认为。

我注意到，客户的问题在于缺乏自我意识，而不是没有背下完美答案。他们需要的不是剧本，而是一面可以洞察自己给他人留下了什么印象的镜子。他们需要帮助，从而加深对自己的认知。

我们都知道，自己给他人留下的第一印象很重要，所以面试的时候会对这一点格外关注：我的表现有没有达到预期？他们会不会觉得我另有所指？希望他们没有误解我的意思。

我们都需要被倾听，都希望他人能准确理解自己的话语，但传统面试的动态性使这种需求往往难以实现。当像获得一份工作这样重要的事情岌岌可危时，你就会对自己产生怀疑。如果你毫无准备，或者对自己不甚了解，就会感到迷茫。了解自己就像一盏指路明灯，无论面试多么陌生、多么困难、多么令人生畏，你都可以依靠对自我的认知安然度过。你不需要记住完美的面试答案，也不必只去想自己应该说什么。恰恰相反，你之所以满怀信心，是因为它来自最真实的地方——你自己。

要深入地了解自己到底是谁，其实是很难的。好消息是，如果你正在找工作，那么所有你需要做的事情，如更新简历、练习回答面试问题、研究你对下一个职位的期待等，都是增强自我意识的绝佳练习。此外，想想如何营销自己，让自己走出去，积极寻求他人的介绍和内荐的机会，这些都是很好的推销自己的练习。在找工作的过程中，你必然要忍受很多不确定性。这也是一个很好的契机，可以让你弄明白自己是谁，想要什么。自我意识通常分为内部和外部两种，面试对二者的发展都有所助益。从内部自我意识来说，你要重新审视对自我的感受以及对自己职业生涯的想法。就外部自我意识而言，你要更多地关注自己给他人留下的印象，以及这一印象如何与自身想法保持一致。了解自己的面试风格有助于实现这一目标，它将清楚地揭示你在面试中的优先考虑事项，这样，你就能做好更充分的准备，并发挥出自己的优势，成功推销自己。它还会让你了解其他风格，这样你就可以改变自己的方法，适应招聘经理的要求。

大学生：培养抗压能力

对大学生而言，面试最难的一点就是在扛住融入社会的巨大压力时，还要表现得举重若轻。与上大学时不同，面试中，你需要讲清楚自己是谁，而不是你的朋友是谁，你在某个团体或专业中是何身份。面试前的一项很重要的准备工作就是仔细思索自己做过的决定，弄清楚为什么要这么做，自己是如何走到今天的，未来想去往何处以及背后的原因。如果你只把自己当作某个集体的一部分，或者担心自己联谊会的姐妹会对你品头论足，你就根本无法回答这些问题。

而自我意识可以帮助你回答这样的问题：你能告诉我你为什么选这个专业吗？你为什么想从事这个行业？这时，你给出的将不再是千篇一律的模板答案，而是更深刻、更深思熟虑的回应。

了解自己的面试风格，也能让你在缺乏专业经验时给自己信心。深入了解自身，你就能给他人留下更真实的印象。自信又坦诚地展示自己，会让你在面试中脱颖而出。大学生经常会怀疑自己是否有可取之处，不知道自己为什么会被录用，从而掉入了不知道自己应该表现成什么样子以及如何展现自我的心理陷阱。**了解自己的面试风格会给你打下基础，让你做自己，而不是伪装成他人。**

招聘经理：不要被手中的权力冲昏头脑

我知道，你可能会觉得，面试就是与求职者“聊聊”，因为你“只是想了解他们”。我知道你很忙，根本没时间去写面试的提问大纲，毕竟，不过是招个人而已。但请听我说：如果你抱着这样随便的心态，那么你就不是在解决问题，而是在制造更大的问题。如果用这种方法面试，你很有可能会招到一个根本就不合适的人。与其浪费更多的时间和资金，倒不如从一开始就定好面试大纲。据估计，如果招聘不力，公司将损失巨大，因为仅仅是单个人力的招聘成本都在 17 000 ～ 224 000 美元，除此之外，公司还会浪费掉很多培训时间，所以，毫无准备地进行面试绝不可取。

随便招一个人并不是你想要的结果。实际上，想要招到合适的人是有科学方法的。我们都知道，模糊不清是滋生偏见的土壤。**面试工作做得越是条理清晰，招到的人就越优秀、越多样化。**你必须在面试前准备好与该工作相关的问题，且在对所有求职者提问时要保持一致。

有大量研究表明，我们很容易被美貌所左右；还会受到“光环效应”的影响，即我们会依据自己对某一品质的感觉对某人做出有倾向性的判断；以及受到“自恋效应”的影响，即喜欢与自己相似的人。如果你想避免做出带有偏见的决定，那么就从了解自己的面试风格开始吧。它会让你明白，自己在面试中会优先考虑哪些事项，以及你比较看重求职者的哪些素质，你的面试风格是如何影响你评判他人的。你还可以提前写下自己对求职者的要求，这样，你就不会被第一印象所左右。你可以请一位负责任的搭档来督促自己提前做好这件事。这一点很关键，因为对招聘经理来说，**自我意识的最大障碍就是手中的权力。**研究表明，高层领导和掌权者在做判断时之所以存在盲点，是因为他们缺乏一群监督其负起责任的同伴。这是因为拥有的权力越大，被人们批评的可能性就越小。所以，要找到你信任的人，让他们负责监督你。

在面试前，你要进行相应的练习。**面试的次数越多，你的能力就越强，对招聘经理来说也是如此。**一般来说，求职者找工作的时间为 6 ～ 9 个月，参加面试的次数可能多达 30 次。如果部门人员流动率比较低，那么招聘经理每年大概只需面试两次，这意味着求职者的面试经验比招聘经理还丰富。你需要认识到这一点，并理解它可能会对面试产生的影响。当然，你在面试中确实拥有“权力”，但这有点像驾校教练被一个 15 岁的孩子开车带着到处跑。虽然身居高位，手握权力，但这并不意味着你能掌控当下的局面。

你需要为面试做好充分准备，然后制订一套程序和计划，并加以练习和执行。不要以为你了解这份工作，就一定能成为一名优秀的面试官。据我所知，那些出类拔萃的技术专家未必能做好面试官的工作。不要以为自己拥有权力，就能手到擒来。对那些踩过坑、招错过人的招聘经理而言，只有不断练习、不停摸索，才能掌握其中的门道。

除此之外，别无他法。如果你自命不凡，认为自己已经很完美了，那就已然误入歧途。

招聘单位：正视自我，才能吸引员工

公司是由一群人组成的，这些人拥有自己的价值观和想法，他们不希望自己秉持的理念受到其他群体的影响。与人一样，公司也可能会缺乏自我意识。公司的外部自我意识，就是在外人看来公司是什么样子；内部自我意识，就是身在其中的员工在工作时的感受。

很多时候，公司对自己的描述与在组织内工作的员工的体验并不一致。如果公司的使命、目标和价值观是由与日常工作相去甚远的高管制定的，那么这些理念就更像是一句口号，而不是企业精神的真正体现，二者是割裂的。

一个组织如何检查其自我意识？可以从收集数据开始。研究表明，要想让别人采取行动，必须向他们展示数据，表明他们也是问题的一部分。公司可以测试所有招聘经理的面试风格，并收集相关数据，看看他们是否总是雇用同一类人。

公司还可以通过创建更扁平化的组织架构来限制个人

的权力，因为权力不仅不利于个人的自我意识，也会影响公司的自我意识。

通过责任制的方式赋予每个人权力，可以避免在“真空”中做出重大决策，尤其是涉及面试的决策。建立由不同招聘经理组成的面试小组时，需要确保小组成员就面试结果达成共识。

此外，还可以打造重视多元化的企业文化，通过各种程序推进多元化的发展。

人贵自知，公司也是如此。能够正视自己，才能吸引员工；接受自己的不完美，不必假装完美；坚持走正确的路，但也能够坦然接受失败。人们都希望能在有人情味的地方工作，我们也希望公司是由真诚的人管理。

基于面试风格做出合理假设

对我来说，面试风格评估的科学性至关重要。令人自豪的是，我们的数据呈正态分布，并通过了美国评估标准协会的结构有效性测试，这意味着该评估不存在性别、种族或年龄偏见。

面试风格评估的总体目标是帮助人们了解如何基于某人的面试风格做出合理假设。它是一种以科学和数据为支撑的工具，可以帮助人们提高洞察力，减少招聘过程中的猜疑、臆测和模糊性。减少模糊性还能减少带有偏见的决策，因为决策通常依赖的是直觉、偏好或行为习惯。除了导致偏见，以上决策方法并不能帮求职者找到合适的工作，也不能帮招聘经理招到合适的人。

直到现在，还没有一套公认的系统性、正式性的面试大纲。了解自己的面试风格，就能完全弥补招聘流程中的所有缺陷吗？不能，但这是解决方案的一部分。另一部分则是规范面试流程，建立减少偏见的规章制度。此外，它还让人们了解到，之前我们的工作方式是如何影响效率且阻碍我们走向成功的。

在我的公司里，我们不仅会培训招聘经理进行面试，还会向他们展示相关数据。我们先是会对招聘经理的面试风格进行评估，并从中了解他们的文化背景。然后我们会问他们，他们的数据是否代表了更广泛的人群，或者是否存在偏差。

我们对多元化、公平性和包容性培训抱有的认知是：只有提供数据的培训才是成功的。我们需要看到，自己的决定对更广泛的文化产生了怎样的影响。在采取行动或做出改变之前，我们需要将自己视为问题的一部分。

一项隐性偏见测试显示，有相当部分的美国人存在隐性偏见。有“隐性偏见测试之父”之称的安东尼·格林沃尔德（Anthony Greenwald）在接受美国公共电视网（PBS）采访时指出，缺乏科学测试是现有多元化培训和杜绝隐性偏见培训较为失败的主要原因。他说，如果没有数据，培训“可能流于表面，而没有实际效果”。如果不真正了解问题，就无法解决问题，而数据是定义问题最准确的方式。

有了面试风格评估，我们就可以利用数据来研究组织中存在的偏见。例如，从每个参加面试风格评估的人那里收集的数据表明，各种面试风格之间的分布是成比例的。如图 3-1 所示，这是一个不带偏见的组织应该有的样子。

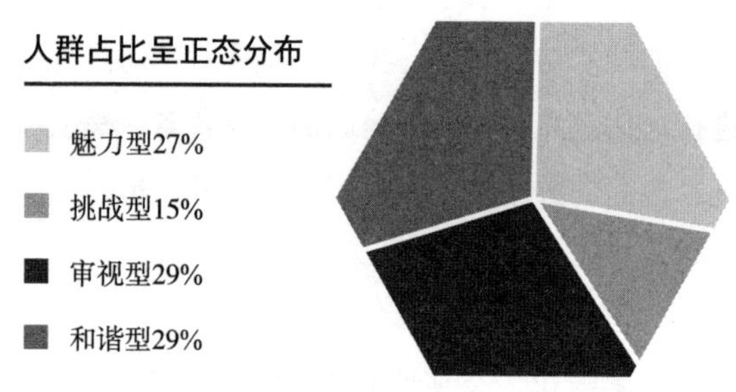

图 3-1　面试风格在一般人群中的分布情况

然而，大多数公司的情况并非如此。公司的人员构成深受在公司有影响力的个人，特别是招聘经理的影响，多以一种或两种风格为主。图 3-2 是我合作过的两家公司的人员构成情况。

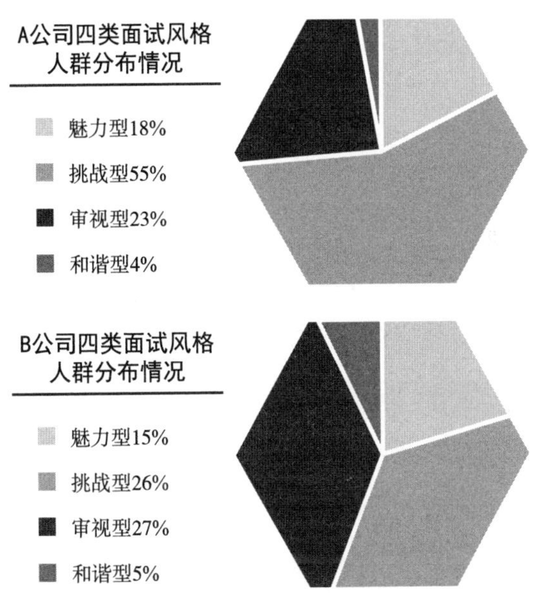

图 3-2 A 公司和 B 公司四类面试风格人群分布情况对比

如图 3-2 所示，公司通常会倾向于选择一种或两种人群。我们可以利用这些数据展开一场关于招聘偏好的讨论，进而揭示招聘经理的真实感受和意愿。如果你的公司偏爱挑战型，像 A 公司一样，那么招聘经理就会招更多拥有这种面试风格的求职者，其他面试风格的求职者就会被拒之门外。性格测评和面试风格评估都只会揭示我们的偏见，而不会制造偏见。

我们可以利用这些数据来培训招聘经理，帮助他们高质量地完成面试工作，让他们意识到自己在面试时做出的决策会对公司产生巨大影响。我们需要建立系统性的制度，让招聘经理定期接受培训，担起责任。目前，招聘经理在对待求职者时并不十分负责，他们在决定谁能进入下一轮面试时，持有的标准往往含糊不清且不够透明。招聘系统充斥着偏见，大量简历根本不会被人看到。面试风格评估可以为我们提供所需数据，帮助我们解决这些问题。

第 4 章

读懂四种面试风格

- 你的面试风格取决于你在面试中的典型互动方式，但这并不一定是你的一贯作风。

- 面试风格是时间的缩影，如今的评估结果只能说明当下的情况。随着成长，有些人的风格会发生变化，但超过 88% 的客户多年的评估结果都是一致的。

- 每个人都是四种风格的混合体，但主要风格取决于你在面试中优先考虑使用哪些技巧。

- 几种面试风格没有高下之分，它们的重要性和价值是一样的。

- 面试是一种适应他人并灵活运用自己风格的行为，无论你是求职者还是招聘者，面试风格都是一致的。

每个人都有属于自己的面试方式，然而，人们并非时时刻刻都能表现出色。有些人没能发挥出自己的优势，有些人会撒谎。然而，还是有一些人能充分展现出自己魅力的。这种差异与他们的工作经历、种族或道德无关，而是由他们独特的面试风格所决定的。

通过研究，我发现人们的面试风格主要有四种，观察他们在面试中最重视什么，能很容易界定他们各自的风格。

- 魅力型会想："我希望讨人喜欢。"
- 挑战型认为："我想做自己。"
- 审视型觉得："我不想出差错。"
- 和谐型心想："我要合群。"

与许多面试相关的书籍或网站所说的恰恰相反，**面试并没有唯一的正确答案。重要的是你要了解自己是谁，以及如何以最清晰、最自信、最真实的方式展现自己。**

例如，在面试时，并不是每个人都希望得到别人的喜爱。虽然从某种程度来说，我们都希望别人青睐自己，但在面试的时候给人留下好印象比讨人喜欢更重要。每种面试风格给人留下好印象的方法都是独一无二的：

- 魅力型通过展现对目标的渴望来彰显自身价值。
- 挑战型则是通过不断质疑来追求自身价值。
- 审视型以表现出自己的精准来让人印象深刻。
- 和谐型用容易合群来展现自身价值。

这就使不同面试风格的人在面试时有不同的体验。你的面试风格不仅概括了你在面试中展现了何种自我及应对挑战的方法，还概括了你是如何看待面试的，以及面试对你来说是一种怎样的体验。

- 魅力型将面试视为一场表演，他们是这场演出的主角。
- 挑战型把面试视为一轮盘问，他们需要得到问题的答案。
- 审视型把面试视为一场考试，将以合格或不合格来进行打分。
- 和谐型把面试当作加入团队之前的一场试验。

以这四种面试风格为基础，加上相互之间存在重叠的特质，一共融合出了 12 种面试风格。例如，如果你是魅力型，你可能是标准魅力型，也可能是有和谐型倾向的魅力型或有挑战型倾向的魅力型，这些倾向都会影响你的面试方式。在第二部分中，我们将更深入地探讨每种面试风格，内容包括它们的内涵是什么，如何确定自己是何种面试风格，以及四种面试风格的不同之处。在描述每种面试风格的章节中，你还会看到四种面试风格各自细分出的变体。

面试风格不会因你对面试的准备程度而改变，也不是由你的工作类型、种族或性别而决定——并非所有的工程师都会采用同一种面试风格。**面试风格和性格有些类似，它具有稳定性和可预测性。**但性格也并非一成不变，它取决于你决定如何利用上天赋予你的特质。

你无法选择自己的面试风格，就像你无法选择自己的性格一样，但你可以改变自己的面试风格，发挥自己的优势，在面试中表现得更优异。面试风格是你的自然倾向，却不是你的命运。每个人都有自己的面试风格，当我们知道自己属于哪种类型，或者说倾向于哪种面试风格时，我们就更容易做出转变。

四种面试风格的不同特点

虽然我们通常认为行为是二元对立的（安静或喧闹、领导或追随），但把它看作一个范围其实更准确，因为没有人是百分之百的单一类型。考虑到这一点，我们可以在两个尺度范围内评估面试风格：从内向型到外向型，从坚定型到随和型。你可以在自己的面试学档案中，查看自己处于哪个范围。每种性格类型都有一些特点，它们可以帮你定位自己所处的位置。

内向型

- 他们会因为独处而精力充沛。
- 他们不会很快就敞开心扉，喜欢把事情藏在心里。
- 对他们来说，面试并不是一个自然的环境。
- 他们会三思而后言，所以不会不假思索地就站起来滔滔不绝。

外向型

- 他们会因他人而充满活力。

- 他们很容易敞开心扉，分享自己的故事。
- 对他们来说，面试是一个很自然的场合。
- 他们心直口快，可以很自然地就站起来边讲边思考。

坚定型

- 他们专注于内心，更擅长从自己身上获得如何回答问题的线索。
- 面试官的肯定或否定都不会改变他们的面试风格。
- 他们崇尚一致性，会坚定不移地坚持事实，不管面对谁都是如此。

随和型

- 他们关注外部，会根据他人的反应来思考接下来的行为和应对方式。
- 他们很容易根据别人的语言或非语言反馈做出相应调整。
- 他们倾向于适应所处的空间、面对的人和感知到的气氛。

你对以上各项陈述的认同程度决定了你更倾向于哪种类型。重要的是请记住，没有人是绝对的内向型或外向型，也没有人是百分之百的坚定型或随和型。所处环境、具体情况、组织以及权力的变动，都会改变我们的行为方式。

你的面试风格可以帮助你了解自己在每个范围内的大致位置，从而管理自己的期望值，了解自己可以在多大程度上改变自己的行为。

面试效应会让我们变成另一个人

值得注意的是，面试风格评估针对的是你在面试中的表现，而非其他场合，所以它有别于其他一般的性格测试。许多性格因素在不同的情境下的表现往往是一致的。比如，如果你在现实生活中是外向型，那么你在面试中很有可能也是一样的。有趣的是，有时，人们的性格在面试中会发生变化：内向型偶尔也会敞开心扉，而一些外向型也会意外地陷入沉默。

作为一名面试官，我曾多次目睹这种情况的发生。当初，我并不能确定该如何描述；后来，我们将其称为“面试效应”。面试时，这个人可能表现得很大胆、很健谈，一旦被录用，他就变成了另外一个人，反之亦然。

我发现，大多数招聘经理都认为，人在任何时候都是一样的，因此，在他们看来，求职者面试时的表现一定和他在工作中的表现一致。当事实并非如此时，招聘经理往往会觉得自己上当受骗了，员工也会发现自己走上了错误的岗位。

我有一个认识了 3 年的学生瑞安，他也参加了面试风格评估。他是出了名的外向，经常一开口就停不下来。如果他在走廊里遇到你，就会一直陪你走到目的地，路上一直滔滔不绝。有一天下课后，他陪我一路走到我的车旁。他和每个人都能聊得很投机，但面试学档案的评估结果显示他性格内向。当我和他面对面讨论这个问题时，他说：“是的，完全正确。面试的时候我就哑火了，只是安静地坐在那里听着。我真的很难像平时那样说个不停，大概因为是面试吧，它让我完全变了个人。”

因此，虽然之前我就曾预感到，面试不是衡量性格的最佳指标，但当时苦于没有依据。现在，我终于有了一些科学依据：**面试会改变人。**

面试是一种刻意安排的活动，某人手中有你想要的东西，比如一份工作或一个晋升机会，而你需要以特定的方式凭自己应有的表现才能得到它，但这种特定方式对每个人来说都是不同的。瑞安本是个开朗健谈的人，但他从社会或家人那里听到了一些理念，即在采访中他不能做自己，“不应该”在这种场合滔滔不绝，而是应等待时机，说别人想听的话。

每一种面试风格都有价值

在指导了数千名客户之后，我总结出以下两点：每个人都会在面试中获得进步；锻炼越多，就能做得越好。我从来没见过越是勤加锻炼，表现反而越差的人。每个人都有在面试中崭露头角的能力，也都有成长的空间。

在这项研究之初，我曾假设过，某一种面试风格可能会让人在面试时更容易获得成功。年复一年，看着很多学生和客户都成功拿下了面试，我想，自己一定会发现其中最为正确的面试风格。但研究结果改变了我的想法。

我回顾了多年来的面试记录和数据，想看看哪类学生获得了最多的实习机会，以及这与他们的面试风格之间有何关系，可结果是，我并没有发现哪一种面试风格更受欢迎，因为每种面试风格都有所体现。最成功的学生、获得最多实习机会的学生、毕业后获得最多全职工作机会的学生，以及在面试中最信心满满的学生，在这四种风格中都有所体现。

正如先前所说，面试只是交流一系列关于你自己的问题。那些对自己有充分了解的人，更容易在面试中表现优异。这种自我意识是助你走向成功的标志，却不是面试风格。

没有哪种面试风格能自然而然地孕育出更多的自我意识，对招聘者或求职者而言，面试风格没有高下之分。并没有哪种面试风格更胜一筹，也没有哪种面试风格更具先天优势——我以前追求默契的想法不过是偏见。我知道，**大家都会觉得自己的面试风格才是最好的，而偏见恰恰源自我们的偏好。**

我们都喜欢面试与自己风格相同的人，就像多年前的我不想招一个与自己没有默契的会计一样。当面试和自己有共同语言的人时，我们会感觉既舒适又安心。但偏好是阻碍我们前进的巨大障碍之一，可能会导致我们错失优秀的人才。

了解自己的面试风格有助于深入反思自身的偏见，对四种面试风格了如指掌，可以让你在面试中遇到各类人时都能游刃有余，而不仅限于相同面试风格的人。

每个人都是四种面试风格的混合体

虽然我们专注于探究人们在求职面试中的表现，但客户告诉我们，他们的面试风格评估结果往往与其他性格测试的结果一致，比如DISC性格测试①、迈尔斯-布里格斯人格类型量表（Myers-Briggs Type Indicator，MBTI）和盖洛普优势识别器（StrengthsFinder）等。我们对此感到很欣慰，因为这为他们提供了另一重验证，也让他们对我们的面试风格评估更有信心。

由于面试风格评估侧重于人们在面试中的表现，因此，它有可能会随着时间的推移而发生变化。部分性格测试则不同，它不是建立在科学基础之上的，而且其假设是：一个人的性格在一生中都是固定不变的。我们会基于你现在的想法和行为进行面试风格评估，这意味着随着面试经验的增加，你的评估结果可能会改变，这反映出的

① DISC 是支配型（Dominant）、影响型（Inspiring）、稳健型（Steady）和谨慎型（Compliant）四种性格类型的英文缩写。——编者注

是，你掌握了一些新技巧。面试学档案具有敏锐的洞察力，能够捕捉到你成长过程中的细微差别和变化。

我的学生普丽娅就是如此，她在大一时参加了面试风格评估，并得知自己属于审视型，她也觉得这个结果很准确。但当她大二再次参加面试风格评估时，她的结果变成了截然相反的魅力型。我担心这是哪里出了错，便让她下课后来找我。当我向她询问这一变化时，她向我坦言，虽然她曾是审视型，但面试和实习的经历让她知道了在专业环境中应该如何行事。因此，她的行为发生了变化，面试风格也随之改变。让我感到欣慰和高兴的是，她并不觉得自己被束缚在某种特定的面试风格中，评估的结果准确地反映了她的成长。

更重要的是，**我们都不是只有一种面试风格，每个人都是四种面试风格的混合体，你要优先考虑自己的主要面试风格是什么。**在实际生活中，这意味着有时你可能更像是挑战型而非和谐型，因为不同的人能引出你性格的不同方面。了解自己的面试风格可以让你洞察自己的自然倾向，所以当你在这些不同的倾向之间转换时，就能更为真实和自然。我逐渐意识到，当你看清自己时，就知道该如何靠自己独特的才能为企业做出贡献，这能让你更好地推销自己。

面试风格评估是认识自己的镜子

我相信，怀疑论者一定会说，把人分门别类与欣赏一个人的独特性是相互矛盾的。但面试风格评估的深度和细节都是基于这样一个基本原则：给人们提供信息，让他们更好地了解自己，这绝对是有益的。这些分类并不是为了减少差异，也不是为了创建对某些类型有偏见的系统。恰恰相反，几十年的面试经验告诉我，虽然我们各有差异，但某些总体行为让我们远比想象中的更为趋同。当人们从视频或故事中看到自己的样子时，往往会感到安心。这种思考和理解为我们提供了一种归属感、安全感和认同感。

人类一直在寻找有助于我们更好地了解自己的方法，在很长一段时间里，这一目标都是通过典型、故事和民间传说等来实现的。如今，我们将注意力转向了谷歌、抖音、YouTube、励志书籍和性格测试，想在这里进一步认识自己，无论是过去还是现在目标始终是一样的：希望自己被看见并得到肯定。

根据我的经验，我的客户在他们的面试学档案中可以看到一部分的自己，他们自己也知道，这并不能反映出他们的全部。与我们合作的每个人（甚至是批评我们的人）都能在面试学档案中找到部分能引起他们共鸣的方面，然后选择适合自己的面试方式。我的工作不是告诉别人他们是谁，而是举起一面镜子，赋予他们认识自己的能力。我希望我的客户更加自信，这不是靠装腔作势或死记硬背模板答案就能做到的。**让你获得梦想职位的自信来自自我意识——知道自己是谁，而后知行合一。**

我告诉客户，他们的真正价值来自自身的整个生活经历，而不仅仅是他们的简历和各种证书。我教他们思考自己独特的价值主张是什么，以及如何根据自身优势打造个人品牌。要做到这一点，他们必须先牢牢把握自己的基本个性和给人留下的印象。参加评估、了解自己的面试风格有助于他们做到这些。

想知道别人对自己的看法，是人们最普遍的愿望之一。心理学家尼古拉斯·艾普利（Nicholas Epley）和玛丽·斯特菲尔（Mary Steffel）曾做过一项研究，他们让500 名美国人想象自己有一个“脑镜”，它可以让参与者看透别人，完全准确地知道别人的感受和想法。研究人员惊讶地发现，大多数人并不想窥视富人、名人和权贵的内心世界。相反，绝大多数人都想知道他们最熟悉的人是怎么看他们的。他们想要的，是一面可以举起来对着自己的魔镜。**面试风格评估就像那面镜子，能让你洞察到许多求职者和招聘经理到底在渴望什么。**

面试风格评估并不会赋予参与者某个身份，我衷心希望它能让你了解到别人对你的看法。这只是一个工具，可以帮助你预估自己在面试中的表现。你可以利用这些知识来提高自己：**如果你是招聘经理，可以利用它提高洞察力，招揽不同的人才；如果你是求职者，它能帮你把握好分寸，从而在面试中有更好的表现。**我们将在第二部分中讨论如何实施这些改进措施。

Interviewology

第 二 部 分

让面试风格成为你的竞争优势

The New Science of Interviewing

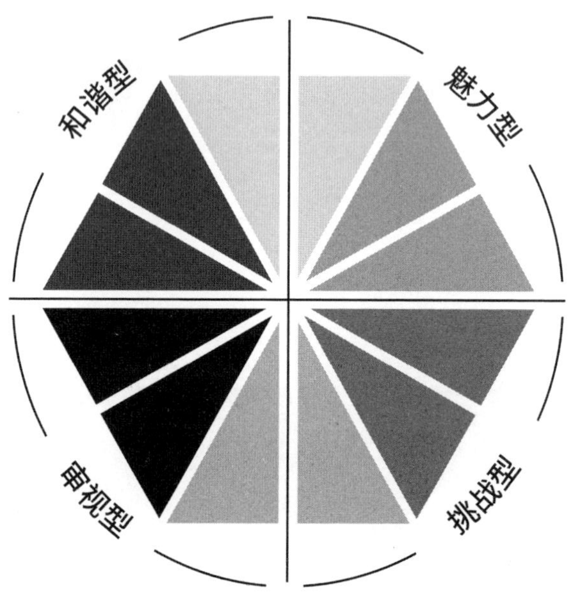
和谐型
魅力型
审视型
挑战型

Interviewology

第 5 章

魅力型："我希望讨人喜欢"

The New Science of Interviewing

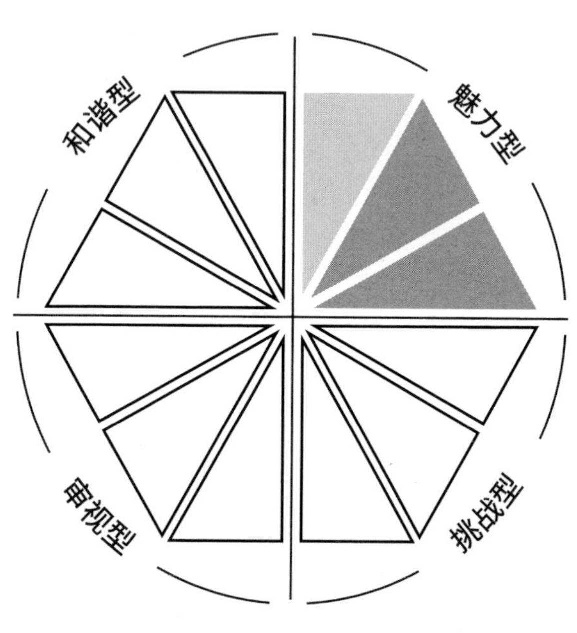

- 魅力型求职者对面试非常投入，他们比较外向，在面试中很容易敞开心扉，寻求面试官的认可，让面试官对他们的一言一行都饶有兴趣。
- 魅力型求职者可以很轻松地介绍自己及工作经历，能敏锐地判断谈话的方向，这有助于他们给出高质量的答案，给人留下好印象。

我喜欢面试，对此你应该不会感到惊讶。纵观我的职业生涯，一直都在面试求职者和讲授面试技巧。刚开始在人力资源部从事招聘工作时，我以为每个人都像我一样喜欢面试。当然，我知道人们在面试时会紧张，但我相信，每个人都会像我一样重视面试——对有机会推销自己感到十分兴奋，在面试过程中充满活力。因为我是一个魅力型，面试就是我的心头所爱。

当我发现端倪，开始研究四种面试风格时，我曾确信，研究结果一定是魅力型最擅长面试，主要是因为他们十分喜爱这件事。老实说，当时我对不同的面试风格，是有偏见的。但在讲授面试技巧和研究面试风格多年后，我意识到自己错了。

好吧，至少有一点我确实错了。魅力型比其他类型的人更喜欢面试，这是事实，但这并不意味着他们更擅长面试。有了这样的认识后，我偶然发现了一个普遍规律，那就是大家都倾向于认为每个人的面试方式都和我们自己的一样。我们往往也觉得自己的面试方式才是最好的，我研究过的所有人都有这种想法——甚至那些知道自己可以改进的人也坚持这一点。

因此，虽然魅力型未必更擅长面试，但在当下的社会氛围里，我们在面试时确实更偏爱外向与随和的人，而这正是魅力型所具备的特质。在发现了多种面试风格后，我清楚地看到了这种偏见。外向型的求职者被录用的概率更高，并不是因为他们更有资格，而是因为他们在面试中“更出色”，这是当下的社会氛围造成的。

如果你是招聘经理，请记住这句话：你在招聘工作中是否助长了这种偏见？我希望在深入了解了魅力型面试风格后，你能克服这种偏见，以更包容的心态进行招聘。

将面试视为一场表演

大多数人都不喜欢回答关于自己的问题，尤其是在令人生畏的面试中，和对面的人刚认识不到 5 分钟的情况下。作为面试官，你可能会觉得让对方跟你说话好像在逼迫他们一样。但魅力型性格外向，他们喜欢谈论自己，很容易对人敞开心扉。面试官更喜欢外向型，因为面试他们会很轻松。

我刚开始从事招聘工作时，经常参加招聘会。在为期一天的活动中，我会见到 100 多名求职者。他们一个接一个地排着队，问我有哪些空缺职位，然后坐下来回答我的问题。对求职者而言，这样的面试环境十分不佳，四周嘈杂、混乱不说，素未谋面的面试官还会连珠炮一样问一大堆问题。一个又一个求职者只好蹦出非常简短的回答，让人不禁觉得他们只想赶快逃离。直到终于来了一位魅力型求职者，那种感觉截然不同。因为魅力型喜欢互动，喜欢融入当下环境，也喜欢与人交谈。

在我研究四种面试风格之前，我认为，那些不热情的求职者一定是对这份工作或对我们公司不感兴趣。我的工作就是筛选出不合格的候选人，以免浪费招聘经理的时间。只有外向、热情的人，才能通过我这一关。我的工作就是找到最优秀的人才，人们往往觉得魅力型就属于这一类，因为他们让面试官的工作变得格外轻松。

我知道你在想什么：听起来，似乎魅力型最擅长面试。但我保证，他们也有改进的空间。我以前的一位客户迈克，就是一个很好的例子。

风格案例 

弄清楚自己想要什么，而不是别人想要什么

我一位叫迈克的朋友来找我，请我帮他指点一下职业方向。他似乎总是在做一堆不同的事情，而这些工作指向的目标各不相同。和我一样，他也是从餐馆的工作起步的，深知拼搏的意义。即使我们在讨论一些不太愉快的事情，他的脸上也总是挂着笑容。他总是很乐观，而且很有幽默感，是标准魅力型。

在高级餐厅工作后，迈克考取了房地产经纪人执照，成了一名非常成功的经纪人，在业绩排行榜上总是名列前茅。我们认识的时候，他的房地产事业正如日中天，但他同时也是一位艺术家、制片人和中间商。他涉足了很多行业，认识很多不同领域的人。由于他个性开朗，这些人都会给他介绍各种项目和机会，他也来者不拒。可正是这些让他筋疲力尽，最终他找到了我。

手头的诸多事情让迈克失去了方向，我的工作就是帮他弄清楚自己到底想要什么。他不想退出房地产行业，因为实在是太赚钱了。而且，他干这行已经很久了，就算只是兼职和团队一起做，也能有可观的收益。他想弄清楚的是，要如何开启人生的下一个篇章。

我的工作就是帮迈克认识到，建立乐于助人的声誉固然重要，但同样重要的是，要知道自己是谁，自己想要什么，这样才不会偏离方向。如此直接地决定自己的职业命运，对他来说十分陌生。以往，他总是要牢牢抓住所有的机会，从不考虑这些机会是否适合自己。迈克没有想过自己要去哪里，所以他从来不会费心地去想哪条路可以通往最终的目标——那个最理想的成功之地。他真的很喜欢起步阶段那种令人振奋的感觉，也正因此，大家一有想法就来找他。面对他们的激动和兴奋，他也会感同身受，以至于必须参与其中。所以在面试的时候，看到触手可及的商业机遇，他很难拒绝。但凡人们不想听的话，他几乎不可能说出口。

当我为迈克准备与潜在投资者的面试和会面时，他会滔滔不绝地说自己的项目有多棒，机会有多好，每个人能赚多少钱。他生活在未来，畅谈着明天和无限可能性，但投资者生活在数据和季度预测中。他是个出谋划策的人，却经常忽略重要的细节。

迈克很善于鼓舞士气，但了解他之后，我知道这种天赋隐藏着另一面：**知道别人想要什么对他来说轻而易举，但他不知道自己想要什么。**

成为大家都喜欢的人对迈克而言很简单，他也乐此不疲。这样做，他并不是不快乐，但他知道，自己可以更快乐，他的职业生涯可以有一个更明确的方向。他已年近五十，希望生活能更加稳定。事实证明，想好下一步才是最难的。他并不缺乏机遇，他的问题和大多数魅力型一样，即弄清楚自己想要什么，而不是别人想要什么。

对魅力型来说，这样的故事并不罕见。他们因他人而充满活力，对人际交往的需求会让他们受困于不一定属于自己的想法和梦想中。迈克找不到方向，因为他很难说出拒绝的话，这正是魅力型随和天性中隐藏的危险。迈克的问题还在于他不愿意讨论某个想法背后的逻辑，他和其他魅力型一样，喜欢谈论激动人心的远大图景，却忘记了细节也至关重要。这个特点在魅力型求职者的面试中最为常见，他们可能会为了与招聘经理建立联系而放弃充分展示自己专业能力的机会。就像我对待迈克的方法一样，魅力型求职者要花时间深入思考对方想要什么，并将其与自身已经拥有的专业能力联系起来。

我还指导迈克为他的公司招聘人才，作为招聘经理，他同样也需要与人沟通。他基本不会在面试的时候提问。对此，他认为:“我只需要和他们聊聊，了解他们就行了。”我提醒说，这种了解人的方式在寻找合适的人才时可不太适用。我质问他:“如果这就是你的策略，你打算如何公平地比较候选人?”他说:“靠我的直觉。”

我警告过迈克，直觉并不是有效衡量人才的方式，因为其中可能存在偏见。可他仍然固执己见，还是靠直觉招了一些人，因为他觉得自己可以和他们成为朋友。虽然他并不确定候选人的专业能力如何，但他相信，友谊可以帮他们维持好关系，也可以激励新员工积极学习尚未掌握的知识。

结果却适得其反，新员工把他当成了朋友，而不是老板。他们随心所欲，经常会开小差、偷懒、不务正业，而不是努力学习新知识。迈克越来越痛苦，不明白自己的招聘方法为什么行不通。

后来，我们之间的合作暂停了几年，他去读了研究生，忙着开发一些新的房地产项目。当一名员工挪用公款时，他给我打了电话。他的面试方法不但没有奏效，还让他陷入了招聘经理最糟糕的处境之一：他对自己失望透顶，怀疑一切，不明白怎么会落得如此地步。因为失去了团队中的一名关键成员，他的项目进度严重滞后。

招聘经理经常犯这种错误吗？迈克的情况属于极端案例，但**招聘经理往往会因为求职者的亲**

和力，而忽略危险信号和潜在问题。魅力型招聘经理认为，如果出现问题，他们可以凭借自己的人格魅力来解决，彼此的友谊、共同经历的过去既能激励员工，也可以保护自己。如果出了问题，他们可以和员工讲道理；即便情况真的很糟糕，他们也可以利用自己的权力吓唬员工，逼迫其进步。这种假设往往是错误的，考虑到这个错误给自己带来的巨大损失，以及自己急切需要聘用新人，迈克终于愿意倾听我的建议。

同为魅力型，我能理解让他进行标准化面试有多么困难。我自己也不喜欢，但我还是鼓励他说，如果努力的话，他会招到更优秀的员工，并且避免重蹈覆辙。

在面试中，我努力帮他在友好地与求职者建立联系和权衡求职者是否合格之间取得平衡。他已经被那些不合格的员工折磨了很多次，所以他准备提出一些棘手的技术问题。他坦言，自己并不喜欢这样做，这对他来说也确实很难。他不喜欢扮演"爱搞突击测验的刻薄老师"之类的角色，我完全能够理解他的心情。我已经经历过这个阶段，而他才刚刚开始。

对像迈克这样的魅力型招聘经理来说，向所有求职者提出标准化的面试问题至关重要。这可以帮助他们避免过于依赖建立联系，而把重点放在求职者是否合格上。

迈克是标准魅力型，他非常友好，善于建立人际关系。所以他在面试他人的时候，无论哪一方都会很轻松，甚至可以说很愉快。但他也展示了魅力型存在的问题：如果缺乏对自己风格的充分认识，可能会掉入一些陷阱。

明智地运用自己的魅力

魅力型非常随和，会寻求周围人的认可。他们希望讨人喜欢，希望与人建立联系。他们为人友善，也很容易沟通。在面试中，面试官真的很难不喜欢一个如此魅力四射的人，但这种特质也可能会成为他们的弱点。

当求职者把建立联系和讨人喜欢放在首位时，面试中如何表现就是最重要的事情。魅力型需要得到认可，这使他们迫切想要给人留下好印象。他们不肤浅，也不缺乏内涵。他们优先考虑建立联系，并不意味着他们资质不足或技艺不精。事实上，他们被人认可的需求会驱使他们去认真调查、细心准备，而且往往会在面试中表现优异。

作为一个魅力型，当我在找工作的时候，我认为对一家公司进行研究，然后为自己的目标工作制定最佳面试策略是一件很有趣的事情。做招聘工作的时候，我也很喜欢面试他人，因为我喜欢谋划如何向求职者宣传公司。我喜欢做公司的守门人和形象代言人，接待到公司的求职者，向他们介绍企业文化，让他们喜欢我，进而对公司心生向往。虽然拥有了一定的权力，但我看重的东西并没有变。我仍然希望求职者喜欢我，我也希望他们在面试中同样能表现得讨人喜欢。结果，我最喜欢的求职者往往也最喜欢我。如果你想让魅力型喜欢你，那就明确表达出你对他们的喜爱。

魅力型招聘经理认为，如果他们了解面试对象，就能通过讨论对方关心的事情打动对方，这是精心设计的结果。他们善于包容，乐于谈论求职者的兴趣爱好，这样，他们就能在个人层面上与之建立联系，进而将这种联系转化为好感，营造出一种友好且温暖的气氛。

罗伯特·格林（Robert Greene）在《诱惑的艺术》（*The Art of Seduction*）一书中对魅力型进行了精准描述："他们的方法很简单，即把注意力从自己身上转移到目标身上。他们理解你的精神，感受你的痛苦，适应你的情绪。在他们面前，你会觉得自己变得更好了。他们不争论、不吵架、不抱怨、不纠缠。"

我的客户马特就是一个很好的例子，他在我的指导下拿到了一个竞争非常激烈的实习机会。他告诉我，在与一家全球顶级的保险经纪公司的执行董事见面时，他注意到桌子上有一个小男孩踢足球的照片。他问："那是你儿子吗？他在哪个联赛效力？"她说："对，他今年 15 岁，在劳尔梅里恩联赛踢球。"马特敏锐地认出了照片中的制服，所以他主动提起了这件事。"哇，我读高中时在那个联赛当过教练，今年夏天我还会担任比赛的裁判，我算是踢一辈子足球了。"那位执行董事被他的话深深地吸引了，在接下来的面试中，他们一直在谈论足球。马特得到了实习机会，毕业后，他又拿下了全职岗位。马特所做的，正是很多魅力型凭直觉就可以信手为之的。他们不会指着照片说："嘿，我在那个联赛踢过球。"相反，他们会先提问，从而了解到更多信息，让你开口说话继而吸引你，然后再与你建立联系。当他们散发魅力的时候，你甚至可能都不知道发生了什么。

我清楚地记得，几年前面试过的一个魅力型求职者。我在大厅接到他时，他问我今天过得怎么样。求职者往往在面试开始时非常紧张，当他们问你近况如何时，你会觉得这只不过是机械式的闲聊。他们根本没在听你回答了什么，没关系——你也知道他们很紧张，他们可以慢慢调整。但这个人与众不同，他听得很认真。我一眼就看了出来，因此留下了深刻的印象。他是真的对我感兴趣，想要了解我，而不是机械式的寒暄，这让我感到一阵温暖。有那么一瞬间，我忘了自己是面试官，而他是来应聘的。我们超越了那种刻意的互动，这就是魅力型独有的特质。

但如果魅力使用不当，他们的动机就会显得非常明显。他们十分想得到别人的认可，这种急切有时会让人避之不及。他们需要赢得别人的喜欢，希望得到你的认可，为此也确实非常努力。如果举止得当，那么效果就会很好；一旦行差踏错，就会显得很虚伪。最优秀的人能够平衡自身的魅力特质，以明智的方式加以善用，用自己的魅力服务于美好的事物。当魅力型求职者在面试中表现优异时，他们会用自信来平衡被认可的需求，提醒自己参加面试不是纯粹为了获得他人的认可，讽刺的是，这反而会让他们更讨人喜欢。魅力型往往喜欢以分享故事的方式了解他人。但请记住，**面试不仅仅是一个沟通的机会，求职者还必须通过面试向面试官展示你为什么能够胜任这份工作。**魅力型求职者如果面试感觉良好，就会和面试官建立联系，然后有条理地解释自己为什么是合适人选。

我记得在指导招聘经理如何面试时，一位魅力型招聘经理说："我面试结束后回到家，我丈夫问我今天面试得怎么样，我会说'很好，他们都很喜欢我'。"对魅力型来说，讨人喜欢就是最重要的。他们对这件事的重视程度，远超其他面试风格的人。他们讨人喜欢、不会捣乱，也不会提出尖锐的问题，不想让任何人感到不舒服。他们并不在意真相或数据，也没有在努力适应环境，他们只想得到别人的喜爱。

这可能要付出一定的代价。由于他们只关注自己是否讨人喜欢，所以会忘记提及自己的专业能力。正如我们在迈克身上看到的那样，魅力型天生就会讲故事，但他们可能会忘记提供真实的数据和指标来证实自己所言非虚。我不记得有多少次在面试时感觉不错，但当求职者离开时感到很茫然，还想要得到更多的信息。他们讲了很棒的故事，也非常有个性，但我就是感到不太确定。和其他面试官一起汇报时，我们唯一能确定的是一定遗漏了什么。我曾经和一位招聘经理共同进行了一场精彩的面试。事后，他对那位魅力四射的求职者发表了一针见血的评价："人很不错，但空有其表，没什么真材实料。"

当魅力型求职者意识到有必要讨论自己的专业能力时，他们会很善于在谈话中找到可以联系到自己的经验和品质的地方，以此来证明自己非常适合这份工作。他们会仔细聆听面试官的提问，以便将职位要求与自身经验联系起来。他们总是想方设法推销自己，采用的方法就是改述面试官的话，然后重复给对方。由于魅力型求职者注重外部因素，因此他们会根据面试官的语言和非语言反馈来调整自己的回答，甚至调整自己的态度。

他们热情澎湃、心怀渴望，是一群充满热忱的人。但是，如果激情没有得到准确的引导，就会显得过于虚浮或空洞。

我曾经给一位魅力型客户进行过模拟面试，为之后的正式面试做准备。我问了他一个标准的面试问题，以建立融洽的氛围。我说："你为什么申请天普大学？为什么决定主修风险管理？"大多数人在回答这个问题时只说两三分钟，他却滔滔不绝，向我讲述了自己一生的故事。在面试中，我很擅长引导跑偏的人回归主题，但那次我插不上一句话。他的回答持续了 20 分钟，也就是模拟面试的全部时间。魅力型能说会道，他们很乐意谈论自己，讲述自己的故事，这并不是坏事，但必须谨记：要注意言简意赅。

他们非常希望能给人留下深刻印象，为此不惜精心策划，在自己的穿着打扮和言行举止上花费心思。他们认为，面试就是一场表演，他们正是登场的演员。魅力型认为，讨人喜欢是他们可以控制的事情。事实上，他们会利用自己的人格魅力达到这一目的。这是一种全方位的“攻击”，他们会使用非常自信的肢体语言：坐在座位边缘，与人热情交谈，不时点头微笑。他们会通过友好的态度和适时的提问来寻找共同点，有时甚至还会通过赞美面试官或讲个笑话的方式来表现对面试官的兴趣。

你可以想象到结果如何，对吧？真诚且情商高的魅力型求职者，知道如何适时地讲一个合适的笑话，而缺乏经验的魅力型求职者则可能会说出不恰当的恭维话。几年前，我和人力资源部负责人共同面试过一位应聘销售岗位的魅力型求职者，他的面试经验尚有不足。所以在面试中，他开了粗俗的玩笑，且过度依赖于讲述没有实质内容的故事。雪上加霜的是，他还向人力资源部负责人抛了两次媚眼！**魅力型求职者一定要在表达友好和保持专业之间拿捏好分寸。**

魅力型会让你觉得他们会认真倾听你讲的每一句话，和他们交流非常容易。我面试过一位名叫杰西卡的魅力型求职者，她应聘的是客户经理岗位，面试过程非常愉快，两个小时一闪而过。她给你的感觉就像是认识的一位新朋友，这就是魅力型独有的特质。

因为他们高度依赖于与他人建立的联系，并会通过这种联系来推销自己，所以他们迫切希望遇到人性化的面试，也更喜欢非标准化面试。有时，在安排现场面试之前，公司会发送一个面试平台链接，让求职者录制并上传对预设问题的回答。这种类型的面试平台缺乏亲和力，因为只有求职者在对着录音设备和冰冷的计时器自言自语。没人能在根据录像进行筛选的面试中表现出色，人为的环境会让魅力型很不适应，他们最喜欢的还是与人面对面沟通。

如果有一个人或几个人在进行面试，但他或他们不愿意和他人建立联系，会怎么样？我们往往会偏爱自己的面试风格，因此也更喜欢与面试风格相同的人一起面试。很有道理，对吧？和有共同语言的人讲话，总是更轻松一些。和相同风格的人一起面试，真的会有和那个人一拍即合的感觉，或觉得那份工作非常适合自己。

两个魅力型在面试中遇到彼此，会有一种结识了新朋友的感觉，就像多年前我遇到杰西卡那样（我们至今仍是好友）。魅力型渴望默契，而当能与对方一拍即合时，他们会觉得这就是命中注定，因为交流起来会非常惬意。而一旦感受不到默契，他们就会觉得不对劲，认为一定是哪里出了问题。这种情况常见于他们和风格截然相反的审视型一起面试时。**审视型不会把建立联系放在首位，他们更注重的是不要出差错**（见第 9 章）。

魅力型的变体

和其他面试风格一样，魅力型也有不同的变体。从图 5-1 可以看出，与魅力型最接近的是和谐型和挑战型，魅力型与这两种面试风格具有一些共同的特质。

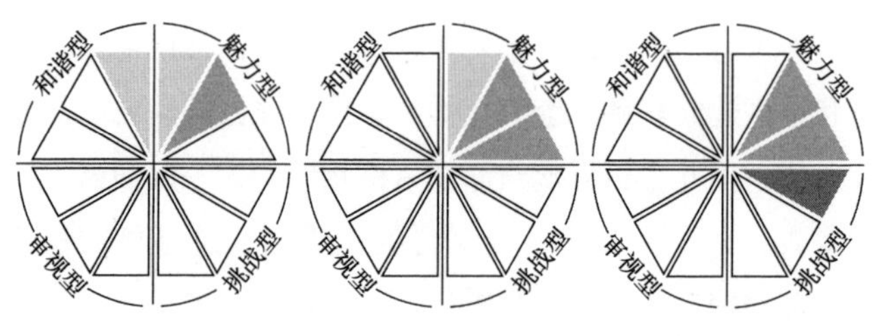

图 5-1 魅力型的种类

魅力型与和谐型共同的特质

- 以人为中心。
- 关注外部。
- 包容、灵活。
- 富有魅力。
- 了解自己的个性应如何融入公司文化。
- 相信任何人都可以被说服，深信魅力总能发挥作用。
- 为人友善、讨人喜欢、平易近人、能给人留下好印象。
- 对尚不明确的情况泰然处之，能够随机应变。
- 善于推销自己。
- 善于满足社会期望，从而获得自信。
- 喜欢与人闲聊和交谈。
- 可以改变风格和回答以适应他人。
- 依靠软技能。
- 不喜欢只有技术问题的面试。
- 需要通过聊天来打破紧张气氛，缓解他们的紧张情绪。
- 需要和他人建立融洽的关系来使自己放松。

魅力型与挑战型共同的特质

- 给出的答案很宽泛。
- 通过讨论来解决问题。
- 善于处理性格问题。
- 很容易敞开心扉，用个人故事来阐述自身经历，包括自己的目标和失败的体验。
- 说话不假思索。
- 不管面对的是求职者还是面试官，也不管权力和地位有多大差异，都有能力且愿意引导对话。

由于特质存在重叠的情况，所以在标准魅力型风格之外，还产生了两种变体：有和谐型倾向的魅力型和有挑战型倾向的魅力型。我们来仔细看看这三种类型之间的区别。

有和谐型倾向的魅力型

有和谐型倾向的魅力型性格外向，但有一定的内向倾向。他们是魅力型中最安静的，也是所有风格中最愿意调整自己去适应环境的。在不需要他们外向的场合，他们更喜欢安静。他们倾向于根据面试官的特质来进行平衡。例如，如果面试官很外向，他们可能会表现得较为内向，反之亦然。

他们会让更具支配性的个性发挥主导作用，克制自己的冲动，用心倾听，直到有话题引起了他们的兴趣，他们才会开口参与讨论。他们不会把话题引向自己，也不会在自己不感兴趣的情况下转移话题；在合适的情况下，他们才会寻求关注。可以说，他们的魅力，就在于体贴入微。

标准魅力型

标准魅力型性格外向，乐观包容。他们因他人而充满活力，很容易敞开心扉，喜欢分享有关自己的一些细节。在所有的面试风格中，这一类型最喜欢面试，因为他们喜欢展示自己的个性和能力。他们更喜欢那种有对话感的非标准化面试，因为他们需要花时间去聊天，从而了解对方。标准魅力型往往可以脱口而出，因为他们不需要写讲稿或罗列讲话要点，快速的思考能力和高超的语言能力是他们的两大优势。标准魅力型关注外部，能根据他人的反应解读出线索，从而调整自己在面试中的回答，他们能自如地适应房间里的气氛和听众的需求。这一类人的魅力在于充满热情、为人灵活且幽默风趣。

有挑战型倾向的魅力型

有挑战型倾向的魅力型性格外向，但没有以上两种类型的人那么包容。因为他们更加坚定，所以这种包容有一定的限度。他们性格外向，因此面试会让他们充满活力。他们也可以根据面试官的反应解读出线索，但在回答有关自身专业能力和其他技术性问题时，与标准魅力型不同，他们的答案不会围绕对方想听什么而做出改变。有挑战型倾向的魅力型是魅力型风格中最为大胆的，凭着不畏艰难、坚持不懈、细致认真的品质，他们很确信自己能够让面试官无比信服。这一类型以坚韧的精神、极具说服力的口才和略显强硬的态度来展现魅力。

Interviewology:
The New Science of Interviewing
面试的科学

- 魅力型求职者需要通过面试前的练习和研究与面试官建立联系，给人留下深刻印象对魅力型的人来说非常重要。
- 魅力型招聘者往往会因为求职者的亲和力而忽略危险信号和潜在问题。
- 对于魅力型招聘者来说，向所有求职者提出标准化的面试问题至关重要，以避免过于依赖建立联系，从而把重点放在求职者是否合格上。

第 6 章

如何应对魅力型求职者

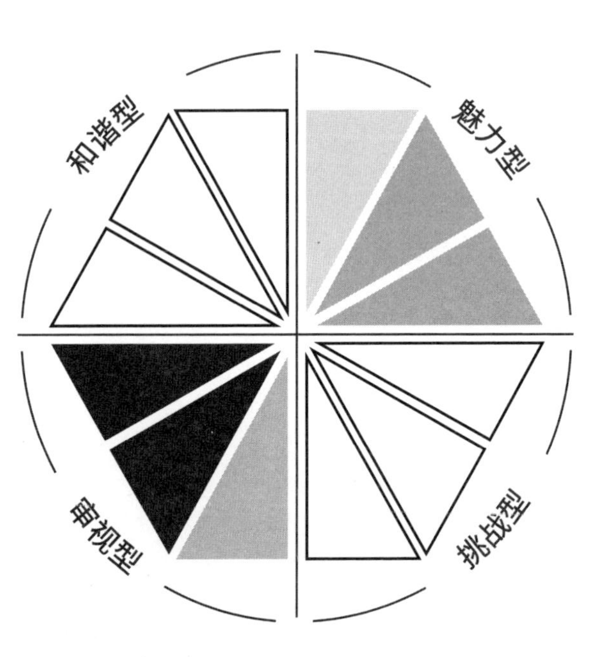

- 魅力型求职者往往会为了迎合岗位需求，在面试中伪装成不真实的自己。
- 魅力型求职者善于打感情牌，有敏锐的洞察力，知道人们想听什么，也知道以何种方式说出这些话最有效果。

魅力型都很随和，他们经常会做出心理学家所说的迎合行为。他们会压抑自己的喜好，迎合他人的兴趣和期望。所谓迎合行为，就是一个人把想象中的他人需求放在自己的需求之前，觉得自己应该以某种方式行事才能给人留下好印象，因此，该行为并非出自本心。

就像魅力型的面试风格很受社会青睐一样，很多关于面试的建议也都鼓励面试者做出迎合行为。对于我们在面试中应该做什么、说什么，人们的心中往往存在着一种假想的标准，而大多数面试建议的重点都是为了达到这个标准。

正如一位也曾努力寻求面试官认可的魅力型客户所说："在面试中，我不会做真实的自己。我并不是装腔作势，只是会表现出自己的另一面，即那个衣冠楚楚、曲意逢迎、察言观色的我，只要能给面试官留下好印象就行。"

这种方法一般会很有效，因为它能给人留下好印象，但通常也要付出代价，那就是为了与他人保持一致，你不得不压抑自我。可问题是，我们做出的迎合行为是基于我们对他人期望的假设，并非事实，所以，我们其实是按照想象中的他人需求扭曲了自己。

如果我让你想象一下招聘经理想要什么，然后改变自己的行为来满足这些需求，会怎么样？当我们理智地去思考这种不假思索做出的行为时，就会发现其中的可笑之处了，对吧？

事实上，把自己伪装成不真实的样子，假装很擅长自己并不精通的东西，从长远来看没有什么好处，即使你知道那个人想听什么。因为在进入工作岗位后，你终究要做回自己。那时你可能会发现，这份工作并不适合你，只适合那个你在面试中伪装成的人。在盲目寻求认可的过程中，你甚至可能会忽略一些危险信号，比如令人极其不快的工作环境。我的另一位魅力型客户说："我以前觉得面试的目标就是得到工作。多年以后，经历了几段非常糟糕的工作后，我慢慢意识到，重要的不是随便找个工作，而是找到合适的工作。"

没错，面试就是为了确认你与某个工作的适配度。如果想获得持久的成功，你和工作岗位要相得益彰。如果你在面试中做回真实的自我，找到合适工作的可能性会更高。

尽管我们经常认为，只有迎合别人，才能给别人留下好印象，但研究表明，做自己才能真正达到这种效果。这与市面上流行的各种面试建议相悖，也与魅力型求职者的自然倾向背道而驰。他们参加面试的时候，做法绝不会是“我只想做我自己，至于结果随它去吧”。相反，他们总是迎合别人的需要，以获得他人的认可。

魅力型想要寻求他人的认可

人类是社会性动物，我们都希望被人接纳，渴望得到别人的喜爱，期望获得归属感，每个人都想寻求他人的认可，只是程度不同。当工作或晋升机会触手可及时，我们与生俱来的、希望得到他人认可的需求就会显现出来。对有些人而言，这种需求异常强烈，在面试中表现得非常明显。

在四种面试风格中，魅力型求职者与和谐型求职者最需要得到他人的认同。魅力型相信，只要自己讨人喜欢、为人友善、展现魅力，就能给人留下深刻的印象，他们以友好的态度来寻求面试官的认可。

他们希望得到别人的肯定，也需要观众。从某种程度上说，所有魅力型都在寻求他人的认可，因为他们自己无法满足这一需求。他们的动力来自外部，因此，从某种程度上说，魅力型是通过获得工作机会或职位晋升来得到他们渴望的肯定。

魅力型求职者付出了非凡的努力，他们只想在面试中给人留下深刻的印象和良好的感觉。他们很善于打感情牌，有敏锐的洞察力，知道人们想听什么，也知道以何种方式说出这些话最有效果。他们会巧妙地提起敏感的话题和信息，避免让对方心生警惕。与其他面试风格的人不同，魅力型手腕独到、最具沟通效率，通过沟通情感就可以顺利达成目的。他们通过表达赞同、打消疑虑、不吝赞美之词来让对方卸下防备。他们认为，创造一种温暖和彼此连接的感觉会让别人向自己敞开心扉，这比其他任何策略都更为有效，可以让对方很快就对自己心生喜爱。因此，他们不会假装完美，而是会承认自己的不足，坦露自己的缺点。魅力型很容易获得他人的信任，更能让人放下坚持的理念，并且非常合群。

魅力型愿意为了宏大的真理和利益，说出善意的谎言。他们愿意隐藏自己的感受，只说别人想听的话，因为他们希望别人可以更开心。如果他人开心，这种感觉就会得到延伸，最终他们也可以获得回报。他们并不介意别人在面试中说些善意的谎言，而是会把这件事视为一种自我保护，是面试中的一部分。他们不喜欢像挑战型那样，直言不讳、实话实说。此外，魅力型对能让他人心情愉悦的事物十分欣赏，认为它们很有价值。这不是为了欺骗别人，而是为了巩固对他们来说最为重要的东西：积极互动和讨人喜欢。他们会说，办公室的环境很棒，咖啡很好喝，工作看起来也很有趣。如果说实话会伤害他人的情感或拉远彼此的距离，他们就会绝口不提。他们对某些事实较为抗拒，且希望他人也能如此。

管理自己被认可的需求

虽然魅力型很有外交手腕，但他们似乎有过于在意他人的倾向。

多年来，我看到许多客户在面试准备过程中变得越来越自信。仅仅是撰写简历、总结自己的工作经验、练习回答面试问题，就能让他们明白自己足以胜任这份工作，而不必刻意去证明什么。自己有何成就、从哪里来以及成长的历程，这些都是魅力型在准备面试的时候，需要重点思考的关键问题。

我的建议是：精心制作简历、总结工作经验、练习回答面试问题，这些都有助于求职者建立自我意识和树立信心，从而在面试中表现优异。

魅力型要努力让自己变得更有安全感和自我认同感，为此，你需要考虑一下自己的专业能力能够提供什么以及自己的整个人生经历。只要能够为自己感到自豪，对自身能力充满信心，你就不再需要别人的认可了。正如老子所说，善者不辩。相信自己，了解自己，这就是完美面试的秘诀！

想要激励自我，相信自己是一方面，掌握必要的技能是另一方面。

首先，魅力型可以从自己的对立面寻找灵感，当需要抑制自身被认可的需求及控制内心的渴望和激情时，可以向审视型学习。他们关注自身，注重给出可验证、符合事实、具备一致性的答案。

其次，学会把批评当作反馈来接受，而不是一味抗拒。存在分歧并不意味着充满敌意——喜爱一个人的同时，也可以不同意他的观点。讨人喜欢并不意味着要附和对方所说的一切，如果用心倾听，你就会发现，自己并不完全同意对方的所有观点，这很正常，成长往往伴随着不适。

再次，给予自己肯定，无须乞求别人的认可。希望别人满足你的期待和需要，会让自己陷入脆弱与不安，把主动权拱手送人，而主动权要掌握在自己的手中。想要掌握主动权，你可以用心制作简历、进行模拟面试、录下自己的表现，然后回放观察。你可以试着使用 STAR 面试法练习如何回答各种常见问题、生动地讲述工作经历，它可以帮你获得自信。

STAR 面试法

- 情境（Situation，S）：描述你所处的情境或需要完成的任务，从工作、学习或志愿服务经历中举出一个真实的例子，并且要具体。
- 任务（Task，T）：明确在这种情景下需要实现的目标。
- 行动（Action，A）：面试官想知道你采取了哪些具体行动，多使用“我”以及有力的行动词汇来回答。

- 结果（Result，R）：说明采取行动后获得的结果，以及你如何为该结果负责。你可以借用故事突出自己的作用，比如你留住了难缠的客户，或提前完成了项目，或为公司节省了4万美元的巨额成本。你要学会吊面试官的胃口，在适当的时候再说出结果。不要害羞，面试是展现自己工作成果的绝佳时机！

如果你在面试中总是滔滔不绝或沉默寡言，STAR 面试法可以帮助你走上正轨。对面试官来说，使用 STAR 面试法就是通过行为问题来询问具体情况。例如：“请描述你在什么情况下，能成功说服别人按照你的方式行事。”有时，也可以让求职者通过真实案例一步步地说明，他在项目中是如何筹划、如何处理各类问题的。

最后，你要记住，被拒绝并不一定都是坏事，许多魅力型在吃了很多亏以后才学到这一点。对于被拒绝，不必耿耿于怀，凭借自身魅力，你的工作选择数不胜数。但请记住，重要的不是找到工作，而是找到合适的工作。要先弄清楚对自己而言什么才是真正的成功，这样，你就迈出了坚实的第一步。

优秀的心理医生或职业培训教练会让你明白，过度寻求他人的认可会阻碍你前进。他们会帮你树立安全的自我意识和健康的心理界限，让你勇于追求令自己感到自豪的生活，而非活在他人的眼光之中。

魅力型求职者的面试表现分析

魅力型圆滑又精明，让人感觉如沐春风、一见如故。他们会提出很有见地的问题，以一种令人舒适的方式来了解你。其他面试风格的人提出的问题可能别有用意，但魅力型是真的想了解你，因为他们对你的关心是真心实意的。他们认为，赢得他人喜爱的最好方式就是对他人表现出兴趣。我们都喜欢对自己充满好奇的人，希望敞开心扉，与那些同样真诚的人分享经历。

当魅力型在面试中表现出色时，他们会用自信来平衡被认可的需求。这种自信来自他们深刻的自我意识、采取的行动以及能够胜任某份工作的自身能力。

当他们怀着深刻的自我认知，条理清晰地说明自己为什么是这份工作的最佳人选时，就能取得绝佳的面试效果。魅力型求职者能够精准地猜到面试官的需求，而且由于他们很了解自己，因此能在面试时清晰地阐述自己所掌握的各项技能，让面试官深信他们一定能胜任这份工作。

此外，魅力型求职者还很善于与人建立联系，搞好关系。但要想拿下面试，魅力型求职者不仅要讨人喜欢，还必须展现出一定的专业技能，要拿出真实数据和工作实例来证明自己。此时，魅力型求职者可以使用 STAR 面试法来展示自己的专业性。

魅力型求职者之所以有时会在面试中表现不佳，通常是因为他们过于依赖自己的口才，总是围绕着自己滔滔不绝。以他们的能力，完全可以把面试变成一场独角戏。因为他们能说会道、谈笑风生。虽然魅力型善于表达是件好事，但有时，这也很可能会让人觉得他们过于自信。

魅力型还过分渴望获得他人的认可。我曾与一位魅力型招聘经理共事过，他想要赢得每个人的喜爱，这反而让人感到压抑。这种需求主导了他的每一次谈话。他会讲一些自以为很酷的故事，但听起来并不有趣，反而会让人觉得他缺乏安全感。他渴望得到他人的认可，结果却适得其反，让人想要逃离。当魅力型太过专注于获得他人的认可，而不是创造一种相互联系的感觉时，其结果只会让人觉得他们缺乏自信。

魅力型求职者在面试中表现不佳，通常是因为他渴望被他人认可，想要讨人喜欢，与之建立联系。他们的最佳品质之一就是对工作充满热情和兴趣，但不好的一面是，他们有可能会给人留下太过急切的印象。

我曾接待过一位客户，他之前面试了几次都未能成功。所以他请我进行模拟面试，让我告诉他哪里做得不对，帮他找出一直被淘汰的原因。我问了几个标准的面试问题，结果很明显：他显得过于急切了。而且他说，自己引以为豪的一点是，每次面试结束时他都会问一句："我今天分享的内容有没有让你对雇用我有所顾虑或保留？"从表面上看，这是个很好的问题，但当它与魅力型求职者被认可的过度需求结合在一起时，就会显得尴尬而紧张。问题是：招聘者并没有接受过给你反馈的培训，他们也不是职业培训教练，所以无论如何他们都不会诚实地回答这个问题。

很多招聘者都没有接受过在面试中给求职者反馈的培训，如果你需要反馈，最好聘请一位能给予你改进建议的职业培训教练。

魅力型求职者表现得过于友好时，其面试效果往往会很差。对别人说的每一句话都盲目地表示赞同，不吝赞美之词，对每一个笑话都笑得前仰后合，这些举动反而会令人反感。

魅力型求职者在面试中表现不佳，还可能是因为过于盲从。他们会点头同意你说的每一句话，不管你的话是充满智慧，还是根本就毫无道理，他们都表现得很兴奋。他们过于热切、过于主动、过于体贴，一味地赞美和恭维，却没有一语中的。他们很想让对方心情愉悦，但这种渴望却显得虚伪、不真诚。太过乐观和热情，反而让人觉得不太真实。想要改进自己在面试中的表现，就不能一味地赞美，而是要有所区分，否则，赞美就会变得乏味。归根结底，还是要真诚。**不要觉得别人想听什么你就说什么，而是要发自本心。**

魅力型求职者面试表现不佳时，会完全忘记自我。他们忘记了自己不会与每个人都有共同点。有时，不同意别人的话，提出不同的观点也没关系。事实上，面试官可能真的希望你能提出自己的意见，敢于挑战现状，把一切推倒重来。**完全顺从并不意味着你就会被录用，甚至有可能导致你被拒之门外。**有时必须承认，自己无法讨好所有人，要学会接受这一点。

过于友好的风险是，你看似无处不在，却又无处可去。虽然坚持自我本身也有风险：有些人可能不喜欢你。但这没什么关系！魅力型求职者面试表现不佳，往往是因为他们扭曲了自己，以适应自己臆想的社会期待和他人的期望。在这个过程中，他们有可能迷失自我。

如何面试魅力型求职者

这一类型的求职者往往认为，自己只要讨人喜欢，就可以得到实习、工作或晋升的机会。为了创造这种亲和力，他们必须先与人建立融洽的关系，而后才能根据情况来进行调整。他们可以通过改变自己的答案和态度来迎合面试官，从而推销自己。

作为求职者，如果面试中过早出现刁钻的问题，他们往往会望而却步。对魅力型求职者来说，亲和力至关重要，他们喜欢非标准化面试，因为他们更倾向于进行轻松的聊天。但研究结果清楚地表明，标准化面试的效果更好。所以，作为面试官，请告诉所有求职者，你将进行标准化面试，也就是向每个人提出相同的面试问题。这样，你就很容易对不同的求职者进行比较，同时还可以降低偏见的影响。

想要抓住问题的核心，面试官应该就某一情况向他们提出一些具体的问题。例如，由于魅力型喜欢把注意力集中在好的方面，你就可以问他们：“请跟我讲讲你最惨痛的一次失败吧，你从中学到了什么，又是如何应对的？”

毫无准备的魅力型求职者更喜欢泛泛而谈，如果可以的话，他们喜欢含糊其词。面试官可以使用 STAR 面试法问一些行为性的问题，告诉他们你想了解更多关于动机和思维过程的信息。问题要具体，并询问相关数据，比如，某件事他们做了多少次。鼓励他们用事实、图表和细节说明他们是如何开展工作的。

如何应对魅力型招聘者

魅力型喜欢将注意力放在与他人建立联系上。如果你面对的面试官就是魅力型，请努力先做到这一点。可以从闲聊和询问他们的近况开始，但要克制自己直接深入细节的冲动。魅力型招聘者不喜欢求职者在尚不了解他们的情况下，就提出刁钻或很难回答的问题，所以要等到与对方建立了融洽的关系之后再提问。

平等就业机会委员会（Equal Employment Opportunity

Commission，EEOC）致力于消除招聘过程中的偏见。根据该委员会的说法，面试是一种测试，应该按照相应的标准进行，有固定的问题和时间限制。魅力型招聘者在这方面并不擅长，事实上，这是他们最难克服的问题。因为他们会优先考虑自己是否喜欢这个人，愿不愿意与面前的求职者一起共事。这并不是说，他们完全不在意求职者是否合格，只是相比之下，他们会优先考虑彼此之间的联系。举个例子，如果你的面试风格是审视型，认为面试时最重要的是展现自己的专业性，在面对魅力型面试官时，你可以回想一些可以证明自己职业能力的经历，使用 STAR 面试法把它们重构成一个故事。

魅力型招聘者会因为求职者很讨人喜欢而忽略一些问题，结果导致自己被蒙蔽。更糟糕的是，如果有人对他们大加赞扬或夸奖，他们很有可能会忽略某些危险信号。喜欢被赞美和恭维是他们的致命弱点，如果想获得魅力型招聘者的青睐，就坦诚自己对他的喜爱，对他的为人和成就表示尊敬。

我曾在一家大型餐厅工作过，那里的接待人员流动性很大。餐厅方以为是自己招错了人，但我认为，是他们的面试环节出了问题。询问了相关细节后，我连续观察了 3 场面试。面试是由总经理和副经理主持的，由于他们从事的是酒店业，所以态度都非常友好。他们以聊天的方式，尽可能地让每一位求职者都感到舒适、放松。他们没有问任何传统的面试问题，只是问了什么时候能来上班以及方便排班的时间。求职者走后，我告诉他们："你们要更强硬一些，不要把求职者当成顾客。试着改变一下面试的方式和语气，多问一些问题。"他们非常震惊，但也松了一口气。下一轮面试时，他们一直跟着我，我向他们展示了如何在表达友善和提出问题之间取得平衡。然后，我们又进行了几次讨论，拟定了一些更恰当的面试问题，他们也进行了模拟练习。

魅力型招聘者天生就希望讨人喜欢，与此同时也希望自己能喜欢对方，但这种想法可能会妨碍工作。此类招聘者需要把这些放在一边，先搞清楚求职者是否合格，确认他们符合岗位要求后，再去考虑他们是否讨人喜欢。

如何应对与魅力型完全相反的审视型

当魅力型招聘者面试与其风格完全相反的审视型求职者时，他们可能会觉得对方对自己的工作方式、资历和弱点过于在意。审视型求职者可能会觉得没必要套近乎，因为他们更在意的是如何把工作做好。与魅力型不同，审视型更注重隐私，初次见面时不会很快就在私人层面上建立联系。他们有些慢热，所以要给予他们充足的空间，尊重他们的隐私和节奏，不要迫切地想要与之建立联系。魅力型比较依赖于沟通能力和叙述能力，但如果面对的是审视型招聘经理，最好将重点放在展示自己的工作成果上。同时，使用具体的数据加以支撑，避免使用含糊不清的语言。另外，面对审视型时，魅力型要调整语气，放慢语速。

魅力型求职者要善于运用自己的能力，灵活地调整自己的面试风格，以适应他人的需要。要深入了解审视型招聘者的期望，改变应对策略，从而满足他们的需求。

魅力型如何从其他面试风格中取长补短

魅力型如果能从其他面试风格中汲取一些特质来平衡自己的自然倾向，就能取得更大的成功。

- 借鉴挑战型的坚毅，不用太在意别人是否喜欢自己，而是坚持自我。
- 学习审视型的职业风范，在讨人喜欢的同时，也要突出自己的专业性。

- 学习和谐型的自然倾向，加深对目标人群的理解，多问他们如何适应公司的企业文化，而不是向他们推销公司。

给魅力型的建议	**如何控制想要被人喜爱的需求**
坚定地做自己	“平衡展示个人魅力和专业能力。” “调整心态，在讨人喜欢和展示自身能力之间找到平衡。” “不被所有人喜欢也没关系。”

Interviewology:
The New Science of Interviewing
面试的科学

- 精心制作简历、总结工作经验、练习回答面试问题，这些都有助于魅力型求职者建立自我意识和树立信心，从而在面试中拿出优异的表现。
- 魅力型求职者不要过于关注与面试官建立融洽的关系，反而忘记展示自己的专业技能。人际关系固然重要，但专业技能也不可忽视。

○ 结构化面试，即向每位候选人提出相同的问题，是魅力型招聘者减少面试过程中的偏见的有效方法。

○ 魅力型招聘者容易被同一风格的求职者所吸引，但要克制这种冲动。你要聘用的是能胜任工作的人，不要过度依赖你对求职者的个人喜好程度。

第 7 章
挑战型："我想做自己"

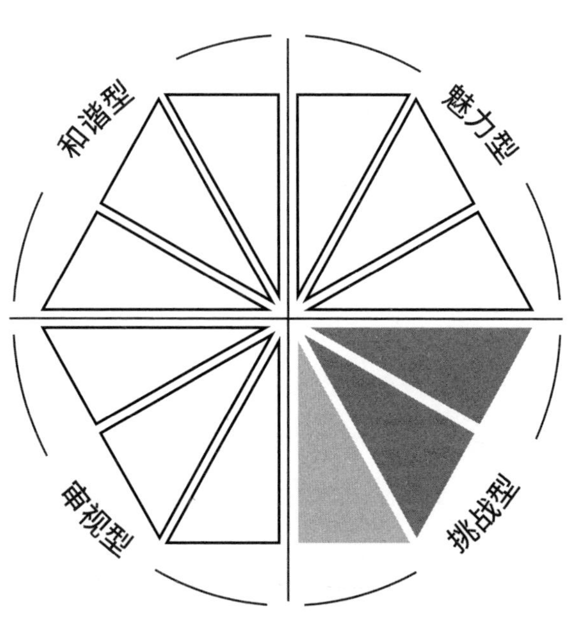

- 挑战型求职者在面试中乐于提供新的视角，这会让面试官有所思考。
- 挑战型求职者只关注自己的内心，并不急于取悦他人。挑战型求职者敢于突破界限，经常反躬自省。他们给人的印象是不畏艰难、坚忍不拔。
- 挑战型求职者不会过分在意面试官是否喜欢自己，因为他们最重视的是做自己。他们希望被倾听，对过于友好的人不太信任，对所谓魅力也心存犹疑。

自 2011 年起，我开始向大学生传授面试技巧：每周三、周五和周六，我都会开展一场长达 3 小时的面试技巧工作坊（至今已经举办了 500 多场）。几乎在每场工作坊上，都会有人认为，这门课就是在浪费时间，我一眼就可以看出来。我边做准备边等待大家的到来，这时，就会有人到处询问："真的要 3 小时吗？"随之而来的就是叹气、烦躁、发牢骚。如果坐在旁边的人不同意他们的意见，他们就会提高声调，然后从座位上转过身来，看看房间里有谁敢对他们不满。

我喜欢这些学生，尽管我不是怀疑论者，但课堂上需要有这样的人，所以我很高兴有他们在。他们在学习生态系统中发挥了重要的作用，作为老师，我喜欢给怀疑论者上课。他们是最难说服的一群人，所以当他们认可了我和我的观点时，我就知道自己的任务完成了。怀疑论者会提出尖锐的问题，但大多数学生都不会以这种方式在课堂里充当"出头鸟"，所以，他们的存在使课堂更有吸引力。

在一场工作坊上，我还没开始讲课，就有个学生站了起来，声称自己不需要上课，他已经知道怎么面试了。照他的话说，面试“不是一件可以解释的事情，直接去做就好了”。

他的这个看法和大多数怀疑论者一样，是关于面试的另一个具有普遍性的误解，即面试不是可以准备的事情，到了面试现场，自然就知道该怎么做了。如果用心准备，反而会显得过于照本宣科了。在讲解后续内容之前，我想先消除这个误解。

在我指导面试的这么多年里，我还从未见过毫无准备的人反而能在面试现场表现得更优异。这不过是有人为了逃避认真准备面试而编造的借口。与很多类似的借口一样，这听起来很美好。“我到了面试现场，自然就能答出这些问题。”“我不想让自己的回答听起来像照本宣科一样。”多年来，这样的话我听过很多次，每次我都说：“好吧，让我见识一下。”然后我问了一个最基本的面试问题：“请介绍一下自己吧。”结果，他们磕磕绊绊、絮絮叨叨，不断重复着前面的话，意识到自己在面试现场的表现并不出色后，才开始道歉。

如果你在模拟面试中表现不佳，那么在真正的面试中，你的表现也不会亮眼。面试和其他事情一样：要想做得更好，就必须多加练习。如果你在练习时，都不能将球投进，那么在时间、对手和观众的压力下，你能投进的可能性就更是微乎其微。因此，所有伟大的运动员都会不断练习。

优秀的招聘经理之所以能力出众，是因为他们早已身经百战。我擅长面试的原因很简单，因为我有丰富的面试经验。参加的面试越多，你就越精于此道，毕竟熟能生巧。有时，招聘经理的经验比求职者还少，90% 的招聘经理都没有接受过面试培训。你不擅长面试，只是因为你缺乏准备。

挑战型经常在练习中遇到麻烦。最重要的是，他们想做自己，他们觉得练习会使面试变得不够真实。所以，挑战型常常不想练习，就像我班上的学生一样。但信心来自实践。我的一些客户告诉我，他们 10 年前就应该做这项工作了。我曾与拥有 30 多年经验的招聘经理共事过，他们是通过艰苦的磨练才学会这一点的。我也与大学生一起工作过，他们告诉我，知道自己是谁，明白该如何谈论自己，这是他们在大学里学到的最有益的事情之一。练习很费工夫，但很值得。

将面试视为一次调查

挑战型将面试视为一种调查，在所有的面试风格中，挑战型优先考虑的是做自己。他们很勇敢，以敢于直言为荣，重视诚信。与寻求认可的魅力型不同，挑战型寻求的是尊重。他们想做自己，想要被倾听。挑战型通过提出尖锐的问题来证明他们是专业的，他们把面试看作辩论或盘问。

挑战型比其他面试风格的人更明白一件事，那就是，没必要假装成别人。他们中的许多人都告诉我，一直假装下去是不可能的。我曾教过一名挑战型的学生，他告诉我："我觉得自己受到了正直的束缚。"这是因为挑战型的人都很坚定，他们一旦给出了一个自己觉得真实的答案，就会坚持到底。无论你反应如何，他们都会按照自己的方式行事。面试他们时，你有时会觉得他们很乐意主导谈话，而你时常是在回答他们的问题，被他们牵着走。

几年前，我在美国人力资源管理协会的一次会议上遇到了 L. 韦恩·胡佛（L. Wayne Hoover），他是一名注册法医面试官。当我向他介绍自己时，我说："我的专业是教人们如何面试。"他说："我也是。"我很激动，因为我还从未见过其他专门教人面试的人。他举起背包给我看证据，上面印有他所在组织的 Logo，这个组织是调查采访培训领域的世界领先者，而韦恩是这里的高级合伙人，他们提供的是帮人获得真相的培训。就这样，我们一见如故。

在此之前，韦恩是芝加哥地区的警察局长，是国际面试官协会（International Association of Interviewers，IAI）的主席。在接下来的两小时里，我们一直在谈论面试。韦恩曾是一名审讯员，是杰出的调查询问技巧教师。他的企业不仅会向不少企业提供咨询，也会在世界各地举办关于如何进行调查访谈的研讨会。他们的部分业务是指导招聘者用类似于警察和侦探的询问技巧进行面试，为人力资源、运营等部门的从业者提供在道德、法律和伦理范围内可接受的方法，从而使其掌握与工作相关的真相。

我向韦恩请教了他的技巧，他给我讲了一个又一个案例。我也从企业的角度分享了不少信息，启发了对方的思考。我非常尊敬他，很快我们就成为朋友。几个月后，他和搭档收到了我发去的面试风格评估。不出所料，他是标准挑战型。

挑战型对真相极为执着，他们对一切都抱有怀疑态度，参加面试时，他们会下意识地认为求职者或招聘经理遗漏了什么，而他们的工作就是弄清真相。

韦恩是一个令人尊敬的人，他热情善良，但我丝毫不觉得他会完全信任我。在和我聊天的过程中，他毫不犹豫地开始探究我。我感觉有点不舒服，就像在被人研究似的。我似乎应该老老实实地回答他的问题，否则，他就会立刻看穿我的伪装。他一点也不咄咄逼人，反而有些八面玲珑。正如他所说，他依赖于系统性的沟通方法，这是一种按照一定顺序提问的方式，目的是让别人如实说出自己的情况。你看，他是彻彻底底的挑战型。

大方地进行“自我营销”，提升内心的配得感

我有一个客户，名叫茱莉亚，她从事的是法律行业。作为一名检察官和诉讼律师，她在刑事和民事案件方面拥有丰富的经验。她找到我是为了准备即将到来的法官面试，她所在的地方每 10 年左右才有一个这样的职位空缺。9 年前，她曾参加过一个家庭法院法官职位的面试，但因表现不佳

而落选，她不想重蹈覆辙。

第一次见面的时候她告诉我，自己不喜欢为面试做准备，因为她不想有照本宣科的感觉。我以前就听过这句话，于是我问她:“你会为庭审做准备吗?”她说:“当然。”我又问:“这两件事有什么区别?”她顿了顿说:“嗯，我不想准备，是因为我不喜欢谈论自己。”

调整心态是面试准备工作中很重要的一部分，这就像是一场脑力游戏。茱莉亚需要调整的是大方地谈论自己，但更深层次的是，要觉得自己配得上目标岗位。这样，在踏入面试现场的时候，才算是真正做好了自我营销的准备。

大多数人都不喜欢自我营销，是因为营销行为让他们感觉自己像是在吹牛。面试可以是舞台，也可以是隔离间，甚至还可以是刑讯室，这取决于你的心态。如果你觉得自我营销是一种逼迫，那么这种心态就会影响你的表现。你需要转变心态，让自己放松一些。与其想着推销自己，不如把自己想象成一件产品。你不是在自我营销，而是在提供问题的解决方案。每个招聘经理都会遇到这样的问题：他们有一个职位空缺，需要招到合适的人，找到解决问题的方法。所以，求职者不要提出过多问题，而是要给出解决方案。这个技巧对许多客户都有效，不管是不是挑战型。

发现这一点后，我们就可以剖析 9 年前茱莉亚在面试中失败的原因了。

“9 年前发生了什么？你觉得面试不顺利的原因是什么？”我问她。她回答说：“我刚到举行面试的市政大楼，就在停车场遇到了一些人。他们说，‘所有候选人里，你是最棒的，这份工作非你莫属’。然后，我就进去登记了，他们在后面不紧不慢地走着。我被安排在一个小档案室里等待面试，结果等了足足两小时，整个过程我都很紧张。”

回答有关法律和法庭管理能力的问题，对茱莉亚来说，易如反掌。技术问题她已经掌握了，但她没有考虑过，也没有准备过“为什么你最适合这个岗位"这一问题，因为她不太想谈论自己。她把面试看成是对自己专业技能的考察，当她有两小时的时间坐下来思考这一问题时，内心的怀疑也悄然升起。

在面试中，面试官问她："你为什么要申请家庭法庭？从简历和申请材料来看，你很适合高等法院。如果今天给了你这个职位，那高等法院有空缺的时候，你会不会马上申请调岗？"对挑战型来说，用外交辞令来回答这样的问题很难，因为真实对他们来说太重要了，他们首先想到的就是实话实说。所以，茱莉亚说："是的，我会申请高等法院的职位。"这是事实不假，但更柔和的回答应该是："正如您在我的简历和申请材料中看到的，我有丰富的经验，所以我非常适合家庭法庭的职位，原因是……"但挑战型不会这么做。茱莉亚直言不讳，所以他们把这个职位给了另一位候选人。

不用说，在这一次的面试准备中，我着重锻炼了她的沟通能力，教她如何围绕自己的目标职位巧妙地回答相关问题。

不要让诚实变成成功的阻碍

挑战型关注内部，他们不会根据面试官的语言和非语言反馈，调整自己的回答或态度。通常来说，他们在来面试的时候，心里就已经有了答案，而且不会更改。魅力型与和谐型会迅速适应当下的环境，调整自己的答案，但挑战型不会这样。

挑战型的核心需求是被倾听。魅力型会让面试变得很轻松，挑战型则让面试变得具有挑战性，但这正是他们的魅力所在。他们通过分享新颖的想法、指出漏洞和提出问题来表现自身的价值。我们需要有人提出尖锐的问题，需要怀疑论者和不盲从的人。这个世界也需要正直的人，需要敢于提出棘手问题并坚定追问的人。

在面试中，直言不讳可能会让人反感。挑战型希望一切都清清楚楚，说话不加掩饰，不懂迂回圆滑，这往往会导致别人对他们印象不佳，茱莉亚就是这样。

我在人力资源职业生涯之初面试过一位求职者，当时，我刚从大学毕业，他一开始就打断了我，问我有什么资历。我想，他这样做的根本原因是，不想被我问到就连我自己都无法回答的问题。挑战型需要公平、公正和平衡的环境，如果他们感受到了不公正，就很难继续下去。他们的行为，需要有正当理由的支持。

挑战型性格外向，所以也很容易敞开心扉，但又不像魅力型那样喜欢谈论自己。他们在面试时的回答直率、坚定，然而，有时这会伤害到他们。诚实，反而成了他们求职路上的阻碍。

挑战型对"魅力"持怀疑态度，作为求职者，他们一心想着"踏踏实实"或"把问题搞清楚"。由于真实对他们来说非常重要，所以面试的一个关键因素就是了解真相。他们不会被闲聊、人际关系或故事打动，而是想要深入了解细节，倾听那些不可宣之于口的秘密。他们不会回避令人不舒服的话题，但如果提出那些话题的时机不对，就会造成各种问题。

我曾给一位客户进行模拟面试，他当时接到了一家刚刚更名的大型保险经纪公司的面试通知，正在为此做准备。我问了几个标准的面试问题，然后他插了一句："你能告诉我公司打算如何修复受损的声誉吗？"提出这个问题需要有恰当的时机，而面试刚开始 15 分钟显然不是恰当的时机。

挑战型对真相的不懈追求是他们的最佳品质，他们想要答案，想要给出自己的意见。他们把面试视为表达自己意见的机会，借此讨论自己的担忧以及企业可能会遇到的问题。他们通过分享自己的想法和经验，以及提出尖锐的问题来推销自己。

挑战型说话不假思索，这意味着他们会在说话的过程中构建自己的想法。但他们也认为，表达一个未经深思熟虑的想法是不专业的，所以有时会显得过于啰唆。指导像茱莉亚这样的挑战型时，我会鼓励他们花些时间提前构思，这样就能在听众失去耐心之前，把自己的观点表达清楚。这对茱莉亚来说尤为关键，因为她要参加的是一个有规定时间的小组面试，任务很重，她几乎没有时间到了现场后再去思考。

与魅力型不同，挑战型不会专注于讨人喜欢，他们更注重直言不讳和诚信行事。如果你喜欢他们，那算是意外之喜。面试他们的时候，如果你没有充分回答他们的问题，他们会觉得你没有与之建立联系的意愿。**有来有回的提问不是闲聊，是挑战型与他人建立融洽关系的方式。**

有个周末我接到了一个电话，是一位焦急万分的女士打来的。她说自己已经面试一段时间了，可就是找不到工作。她想尽快和我谈谈，因为她还有最后一个面试机会，急需我的帮助。我们约好了时间，安排了面谈。我问了她几个问题，发现她很唐突。她的回答是果断的，但方式欠缺考虑，给人一种"她已经决定了，就这样"的感觉。她不够敏感、机智和细腻，说话总是开门见山、直言不讳。

她的回答让我觉得她就是在故意让我难堪，她的目标就是通过炫耀自己的知识来显示自己的优越感。作为她的职业培训教练，我的工作就是温和地告诉她这一点，让她知道这样做于她无益。而"阻截"[①]是描述她的面试风格的最佳词汇，说的是一种身体对抗的感觉。

我把这个问题反馈给她时，她沉默了很久。然后她说："天哪，我真像个混蛋。"我小心翼翼地说："没关系，你不是混蛋。只是你回答问题的方式有待改进，我可以帮你。我们可以想办法让你的语气柔和一些，又不失真实。"

她是一个极端案例，作为一名职业培训教练，我能看透她的唐突之处，因为我的工作就是帮助客户推销自己。但作为招聘经理，我不会录用她，也不会喜欢这个人。发现了四种面试风格之后，我的教练工作就轻松多了。在面

① 意指球员之间为了夺回球权而进行的身体接触动作，特别是在橄榄球或足球运动中。——编者注

试中，我能够很容易地确定某人更在意什么，并且能够更快地给他们建设性的反馈意见。通过了解客户的面试风格，我了解到了他们的自然倾向，因此可以给他们反馈，帮助他们在回答面试问题时与真实的自己保持一致。

在这位客户的案例中，我知道，如果我直接告诉她“态度好一点”或“说面试官想听的”，她不会听我的，也不会把我的话当真，因为挑战型无论如何都要做自己。对此，传统的面试建议是：改变自己的行为。在我们的一生中，总是有人让我们克服自己的弱点，而不是发挥自身的长处。可正如一些专业的心理测试告诉我们的：当人们把精力投入发展自己的优势，而非纠正自己的不足中时，他们的成长潜力会增加几倍。

我希望挑战型可以做自己，希望每个人都能发掘自身的长处，并找出有效的方法加以利用。我们常常过于依赖自己的天性，不合时宜地展现魅力，又或是太过挑战他人，实际上，找到平衡点才是我们的目标。

挑战型的变体

和其他面试风格一样，挑战型也有不同的变体。从图

7-1 可以看出，与挑战型最接近的是魅力型与审视型，挑战型与这两种面试风格具有一些共同的特质。

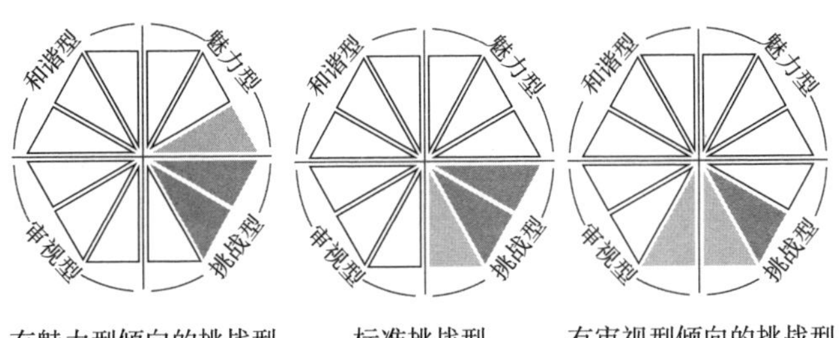

图 7-1　挑战型的种类

由于特质存在重叠的情况，所以在标准挑战型之外，还产生了两种变体：有魅力型倾向的挑战型和有审视型倾向的挑战型，让我们仔细看看这三种类型之间的区别。

挑战型与魅力型共同的特质

- 给出的答案很宽泛。
- 通过讨论来解决问题。
- 善于处理性格问题。
- 很容易敞开心扉，用个人故事来阐述自身经历，包括自己的目标和失败的经验。
- 说话不假思索。

- 不管面对的是求职者还是面试官，也不管权力和地位有多大差异，都有能力且愿意引导对话。

挑战型与审视型共同的特质

- 专注于内心。
- 以完成任务为重。
- 依靠专业技能。
- 坚定、不灵活。
- 相信事实与真理。
- 不喜欢模棱两可。
- 不愿意自我营销。
- 不喜欢面试浮于表面，更喜欢问或回答行为和技术问题。
- 不需要也不喜欢闲聊。
- 知道自己的技能如何应用于工作。
- 以严肃认真和专业技能给人留下深刻印象。
- 重视专业知识。
- 谨慎。
- 一丝不苟。
- 自信来自智慧。

有魅力型倾向的挑战型

该类型的人性格外向，但不像标准挑战型和有审视型倾向的挑战型那样坚定，他们更随和。他们并不是完全不坚定，只是程度不同。他们性格外向，因此，面试会让他们充满活力。他们也可以根据面试官的反应解读出线索，但在回答有关自身专业能力和其他技术性问题时，与标准挑战型不同，他们的答案会因明白对方想听什么而稍有改变。有魅力型倾向的挑战型是这一类面试风格中最为灵活的。凭着不畏艰难、坚持不懈、细致入微的优秀品质，他们很有信心能让面试官坚信他们就是最合适的人选。

标准挑战型

标准挑战型性格外向且信念坚定，会因他人而充满活力，很容易敞开心扉，喜欢为自己辩解。在所有的面试风格中，标准挑战型是最大胆的。他们更喜欢那种有对话感的非标准化面试。他们说话不假思索，且容易过度解释。标准挑战型专注于自身，他们的面试风格不会随着情况的变化而改变。他们会发出挑战，提出尖锐的问题，还将此视为诚实的表现。

有审视型倾向的挑战型

这一类型比较矛盾，性格外向，但又有内向倾向。他们是最克制的挑战型，喜欢独来独往，只在必要的时候站出来。他们比其他两种挑战型更克制，多以严谨和专业赢得尊重。他们通过分享专业知识来寻求关注，有平衡面试氛围的倾向。如果面试官很外向，他们可能会表现得较为内向，反之亦然。他们会让更具支配性的个性发挥主导作用，注重细节，会问一些尖锐的问题，且毫不留情。

Interviewology:
The New Science of Interviewing
面试的科学

- 与其想着推销自己，挑战型求职者不如把自己想象成一件产品。你不是在自我营销，而是在提供问题的解决方案。
- 挑战型的人要做自己，发掘自己的长处，并找出有效的方法来加以利用。
- 主导面试不是求职者的工作，而是面试者的工作。

Interviewology

第 8 章
如何应对挑战型求职者

The New Science of Interviewing

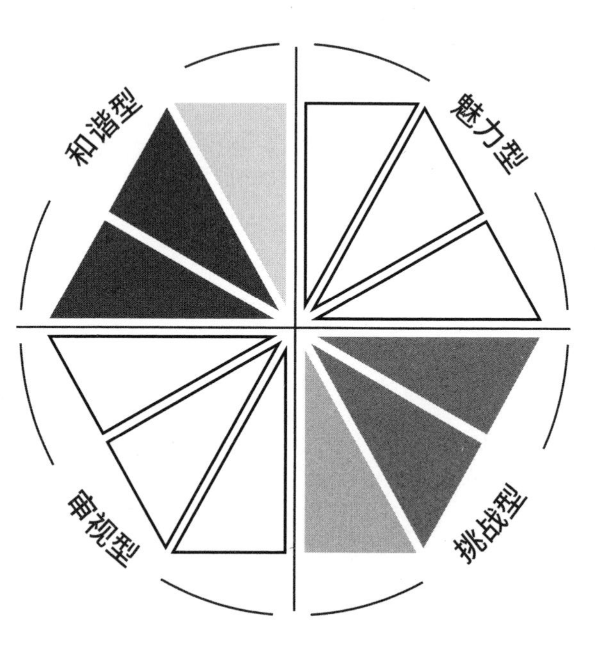

- 很多挑战型招聘者都会陷入一个怪圈：总是聘用与自己相似的人。
- 挑战型求职者希望通过展现真实的自我来给他人留下深刻的印象，从而获得认可。
- 挑战型求职者容易忽视别人的意见和观点，因为他们并不在意这些。

在一个为期一年的领导力项目中，我培训了 20 位女性企业高管。我们每个月举行一次会议，讨论的主题包括目标设定、员工评估以及开展面试。到目前为止，面试是最受欢迎的主题。大家的热情很高，纷纷要求把这个活动拆分为两期。其中一位女性学员正在进行招聘，她觉得这次培训非常及时。她参加了面试风格评估，结果显示她是挑战型，对此她表示认可。在培训过程中，我们四处问了一下，各学员也都分享了自己的面试风格评估结果。

这位女学员坦言，自己并不认同大多数人的面试方式，在她看来，在面试中做自己才是凸显资质和能力的最佳方式。这就像我们都认为自己的面试风格是最好的一样。

她说话直接、不拘小节，一心要招到一名出色的员工。我们在房间里转了一圈，她听到了同事对面试的不同看法，发现大家都和她一样，致力于招到优秀的人才。于是她意识到，或许自己的方法并不是唯一正确的。也许魅力型求职者并不是想糊弄她，也许沉默寡言的人其实对这个岗位很有兴趣，也许那个看起来很随和的人其实非常清楚自己想要什么。

在面试培训中，我指导客户提前写下他们看重求职者哪些素质，然后将其交给自己一位可靠的伙伴，这位伙伴最好是能和他们一起面试的人。在招聘中，我们经常会在遇到求职者时改变主意："嗯，我原本是想要具备另外一些技能的人，现在看来，这个人的专业素养也不错。"我们也可能会遇到自己不理解的面试风格，这时，内心的偏见就会妨碍我们。

在接下来的一个月里，这位女学员一直在为空缺职位面试各类求职者。借助培训的内容，她开始反思自己为什么会偏爱某些人。

第二个月，我们的面试培训来到了第二部分。她举手说："我之前说过，自己的部门正在招人，面试的时候我用上了上个月讲过的技巧。丹尼丝就是负责提醒我的伙伴，我告诉她我们需要什么样的人，她和我一起参加了面试。在面试中，第一位求职者是我最喜欢的，因为他回答问题非常直接。第二个人差点把我逼疯了，他回答问题的时间太长了，时而停顿，时而沉思。在面试结束的汇报会上，我和丹尼丝说了我的看法。她反驳了我，并列举了种种证据，说明第二位求职者具备这个职位所需的各种素质。尽管我不想承认，但她是对的。这位求职者确实更合适，但当我与另一位求职者建立了更深的联系时，就很难看到这一点。最终，我选择了那个在面试中让我心烦意乱的人，他上周入职了，可以说，他是我迄今为止招过的员工中最优秀的。”

就像这个案例所揭示的那样，很多挑战型都会发现，自己很难与其他风格的人建立联系。很多招聘经理都会陷入一个怪圈，即总是聘用与自己相似的人。我告诉他们：“我们不需要另一个你，因为我们已经拥有你了，眼下我们需要的是和你不同的人。”但我们很难超越自己的面试风格，即便别人的做法行之有效，我们也很难接受这种差异。**想要面试得到更好的结果，就要把他人的面试风格和差异考虑在内。**

挑战型需要被倾听

我们最深切的渴望之一就是其他人能够正视我们的感受，理解我们的痛苦，注意到我们的焦虑。挑战型就是典型的例子，他们通过展现真实的自我来给他人留下深刻的印象，从而获得认可。他们需要有人倾听自己的想法，一旦这种需求没有得到满足，他们就会变得咄咄逼人。也许在很多重要时刻，都没有人认真听取过他们的意见。他们之所以态度强硬，是因为他们担心自己的声音无人在意，自己的观点不合时宜或者自己不够优秀。

受此影响，挑战型可能变得过于固执己见，容易忽视别人的意见和观点。他们本能地不同意别人的说法，因为他们觉得这是证明自己专业能力的最佳方式。他们将挑战一切视为某种附加价值，就像魅力型追求讨人喜欢一样。所以，挑战型不会认真听取别人的意见，因为他们并不在意这些。

管理自己对被倾听的需求

并非只有挑战型想要得到他人的理解。当我们被认可时，对有人倾听的需求就会下降。这是因为情绪得到了宣泄，人就会变得轻松一些。你可以找一个你信任的人，即一个可以坦诚相对的人进行练习。从外部的角度来观察，自己给别人留下了什么样的印象。如果你已经和别人透彻地讨论过这个问题，那么在面试中就不必在意这一点了。

挑战型要多进行模拟面试练习，提前想好如何展示自己，这样，你就不会在正式面试中显得很啰唆了。学会承认别人的意见也很有价值，你不是唯一需要有人倾听或有故事要讲的人。

你要意识到，别人也有这样的需求，你的需求并不优先于他们的需求。对他们来说，你的做法并不公平。就像魅力型与和谐型认为把自己放在最后对自己很不公平一样，你把自己放在第一位对别人也不公平。

毫不掩饰地说出糟糕的消息，直截了当地提出棘手的问题，以简单粗暴的方式给出反馈，都会让人觉得你过于冷漠，毫不在意别人的感受。**坚持己见需要选择合适的时间与地点，而不是一味地固执己见。**

不要敲着桌子坚称自己的观点丝毫没错，有时候，最好的选择是避开冲突，而不是一味强硬，有些教训实在没有必要去承受。**挑战型应该认识到，在提出自己的观点时，时机和优先顺序很重要。静待时机，有策略地表达观点，这样才有可能被接受。**

挑战型还需要学会倾听，鼓励别人讲出自己的故事。要保持好奇心，提一些与他们正在讲述的内容相关的问题。面试的时候，要回想一下别人之前说过的话。要勇于接受，而不是凡事总做最坏的打算或怀疑他人，并不是每个人都有所隐瞒。说话时要带着澄清潜在问题的目标，而不只是表达自己的观点。要抓住问题的核心，就事论事，而不必急于证明自己。要善于倾听，这意味着要放下自己的意图和固执，使用积极的肢体语言，如偶尔“嗯”一声，点点头作为回应。与对方要有眼神交流，要集中注意力。不要说教，也不妄加评论，带着兴趣、出于好奇提出问题，不要用诱导性的问题，引出自己想得到的观点。

所谓用心倾听，是真的去关注对方所说的内容，而不是只顾自说自话。**积极倾听是向面试官展示你全身心投入面试的关键。**他们说话时，要和他们有眼神交流，偶尔点点头，并不时发出赞同的声音。

要设身处地为他人着想，想象一下，当有人用心倾听你说话时你会有多快乐。**要想在面试中表现优异，挑战型要在自己被倾听的需求和用心聆听他人之间找到平衡。**

要意识到每个人都有被倾听的需要。请记住，别人可能不同意你的观点，这没关系。如果没人听你讲话，很可能是当下讨论的主题与你无关。**你的价值并不在于有没有人同意你的观点或听你说话，而在于你本身。**

挑战型求职者的面试表现分析

挑战型能洞察秋毫，且往往直言不讳。他们不畏艰险，勇往直前，也非常自我，并不担心会惹怒别人。他们说话一针见血，直指问题的核心。人们对他们的评价往往是“极其诚实、毫不掩饰”。

他们提问，不是因为想了解你，而是为了满足自己的内心需求，想探究问题的答案。善于面试的挑战型求职者对这种需求很了解，并且在沟通时不会让对方产生抵触情绪。他们可能会坦诚自己的内心需求，也可能守口如瓶。

挑战型既有魅力型的外交手腕，又能像和谐型那样融入对方。他们与听众深入交流，安抚他们的情绪，并给予肯定。他们会先倾听，然后再提出棘手的问题，以平衡自己与他人的需求。为了让面试更顺利，他们会克制自己，但这种克制与真诚并不矛盾，它是为了表示尊重。真实不是鲁莽，不是想到什么就说什么，而是要正直。**做自己并不意味着对所有事情都指手画脚，而是只对重要的事情发表意见。**

他们之所以会在面试时表现不佳，通常是因为他们过于依赖自己的探究和提问能力，这可能会给人留下过于挑剔或苛求的印象。他们缺乏自知之明，没有意识到固执己见、提出各种问题是在拉远与对方的距离。虽然他们认为，不断提问有助于自己得出结论和形成观点，但对方可能会感到恼火、窒息，甚至感到被骚扰。

我曾和一位挑战型同事一起开会，他人很好，也非常热情，对我也不吝赞美之词。但他的问题一个接一个，让我感到精疲力竭。他太严肃、太苛刻了。

挑战型喜欢直来直去，往往会提出一些不合时宜的话题。比如，有挑战型求职者在电话筛选阶段就问初级面试官："我看到了一些有关贵公司的负面报道，你们有没有制订类似 5 年计划的东西来纠正这些问题？"像这样的问题，如果留到最后一轮面试时问，会给人留下更好的印象，因为高管可以更好地回答这个问题，并就此展开深入讨论。

在所有面试风格中，挑战型很难根据面试对象的不同而改变自己的面试风格。提出某些问题是有时间和地点限制的，这么说吧，如果第一轮面试的时候你就问了一些不合适的问题，面试官就不太可能让你进入下一轮。他们会觉得你太过鲁莽，喜欢争论，不如把职位留给更合适的人。

我对求职者的建议是向合适的人问出恰当的问题。比如，向面试官咨询有关公司文化和面试步骤的问题，至于工作本身和工作方向的问题，留给面试官来解答。

挑战型往往会把自己的想法直截了当地表达出来。面试表现之所以不佳，往往是因为他们过于啰唆，导致对方失去了耐心。所以，此类求职者最好在面试前认真思考一下，准备好简洁明了的答案。

如何面试挑战型求职者

面试是一种奇特的体验，面试官处于主导地位，拥有你想要的东西——工作或晋升机会。这种权力关系，时常会让挑战型求职者无法发挥出最好的水平。因为他们更愿意由自己来提问，面试会让他们感到权力不对等。

对话中的你来我往会给人一种近乎争论的感觉，由于挑战型具有怀疑精神，这会让你觉得他们似乎对你说的大部分话语都表示怀疑。

请记住，他们将怀疑和质疑视为一种增加自我价值的方法。他们给出自己的意见和判断，以此提供一个新的视角，因为他们的最终目标是抓住问题的核心或弄明白问题。对挑战型求职者来说，进行尖锐的对话是检验你们是否能合作的唯一方法。他们不认为对抗是消极的，反而是必须的。他们需要通过对抗来测试与面试官是否合得来，检验面试官的主张是否合理，以确定这份工作是否适合自己。

当他们觉得自己的意见没有被听取时，他们就会变得更喜欢争辩，努力地想为自己赢得胜利。想要满足他们的这种需求，只需说你听到了他们的意见，很欣赏他们的观点即可。如果你不这么做，他们就会继续争论，而且会觉得你不理解他们。

如何应对挑战型招聘者

招聘者往往对挑战型求职者抱有偏见，觉得他们天生爱提问。正是由于这种天性，大家往往认为，挑战型可以成为出色的面试官，而且是那种最难应付的面试官。

我曾与一位挑战型招聘经理共事过，他说，如果求职者没有以特定的方式回答行为类问题，就没有机会进入下一轮面试。由于挑战型把事实放在首位，所以他们对与工作无关的故事或答案非常反感。他们认为，答案是明确的，这对求职者来说非常不公平，因为求职者怎么知道什么是“正确的”答案？这是不可能的。

挑战型招聘者都很严肃，他们认为，面试是深入了解一个人的任职资格的最佳时机。在通常情况下，他们的面试给人的感觉就像是在盘问或审讯。

我参加过一家公司为了招聘实习生而组织的多轮面试（为期一整天），这种活动通常从早餐时分开始。我与合作伙伴进行了一些交流后，求职者开始逐一与招聘经理会面，直到午餐时间。我走进去的时候，一位招聘经理正在和一位未来的实习生闲聊：“你平时喜欢做些什么？”求职者说他喜欢打网球，还有去海边玩。招聘经理并没有让谈话变成你来我往的对答，而是直接问了另一个问题：“你常去哪里的海滩？”求职者给出了回答。于是，闲聊就变成了单方面的询问。

这位招聘经理的需求得到了满足，因为所有的问题都得到了答案，但这种行为并不能在彼此间建立起联系，更不用说亲密感了。对求职者来说，这次闲聊就像被审问一样。

这种提问方式是挑战型招聘者的独特风格，本身并不存在问题。对求职者而言，不要被问题压垮，如果你充分练习过该如何回答此类问题，并培养出了自我意识，这些问题应该很容易回答——毕竟都是关于你自己的问题。

如何应对与挑战型完全相反的和谐型

和谐型会依靠自身的能力读懂对方，与对方建立联系，交流中会随机应变，做出相应的调整。挑战型以任务为中心，善于表达，不会随着情况的变化而改变自己的面试风格。和谐型则不一样，他们会顺应对方的意愿，灵活决定该由谁主导谈话。在这种情况下，挑战型应对得游刃有余，因为他们很容易就能掌握对话的主导权。而和谐型会对你的为人比较感兴趣，让你觉得他们想要深入了解你，而不是宣传某个岗位，或是探听你有哪些专业技能，对工作有无兴趣。但这并不是说，他们不在意你要不要来工作。和谐型更注重社交、行事低调，而挑战型只关注工作本身。前者不会像挑战型那样，以给人留下深刻印象为傲，但会用心倾听和尊重他人的意见，而这正是挑战型最为重视的要素，所以，这两个类型之间的对话会让双方都觉得很自然。

挑战型如何从其他面试风格中取长补短

如果挑战型能从其他面试风格中汲取一些特质来平衡自己的自然倾向，那么他们就能取得更大的成功。

- 向魅力型学习，灵活运用自己的面试风格，让自己的态度不显得过于强硬。
- 融入审视型谨慎的天性，努力克制自我。
- 学习和谐型的自然倾向，多问别人如何适应公司的企业文化，而不是告诉他们应该怎么做。

给挑战型的建议	如何控制想要有人倾听的需求
信任是有回报的	“我的价值由我自己赋予。” “想要得到别人倾听，我不必说个不停。”

Interviewology:
The New Science of Interviewing

面试的科学

- 在建立起融洽的关系之前，挑战型求职者最好不要问过于尖锐的问题。提出这些问题需要恰当的时机与场合，要把握好自己的节奏。
- 挑战型求职者不需要在面试刚开始的 5 分钟就把自己所有的信息都表达出来，认真思考和回答面试官的问题，你的经历和个人素养会随之逐一展现。
- 招聘者的工作就是提问（这是你的专长），但这并不意味着你可以对求职者横加指责。
- 挑战型招聘者要注意问题的难度和数量，面试不是审讯或盘问，良好的面试过程应该是双向的。

第 9 章

审视型：“我不想出错”

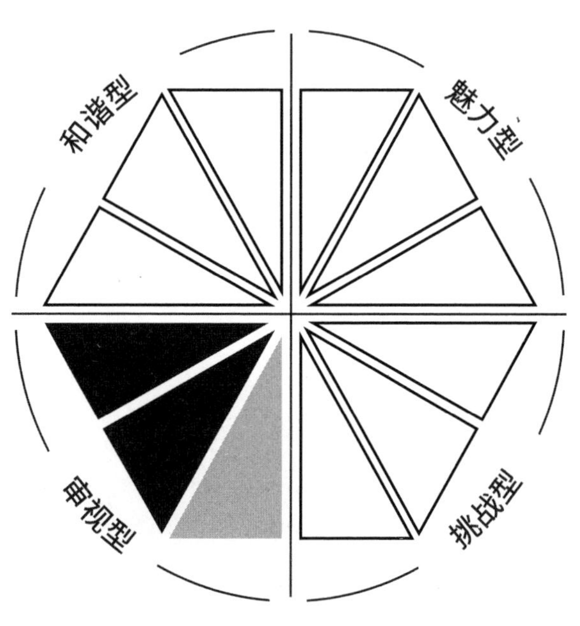

- 审视型求职者在面试中比较拘谨，只关注自己的内心，对寻求别人的认可不太感兴趣，因此招聘者对审视型求职者的反馈往往是过于安静。
- 审视型求职者给人的印象是严肃的，他们会优先考虑事实和专业知识，而不是什么能给人留下好印象。
- 审视型求职者认为被录用的直接原因应该是工作能力强，而不是善于面试，因此宁可通过考试得到工作，而不是接受面试。

先前，我与一位新客户进行了初次交谈，他来找我是因为面试后总被拒之门外。他说，面试就像演戏，他讨厌这样。"我拒绝交际，也不想推销自己。"说完，他用打双引号的手势强调了"推销自己"这个词。他的厌恶引起了我的兴趣，我问他，如果他不愿意推销自己，那谁会为他做这件事呢？他很高兴我问了这个问题："我不认为假装快乐和乐观是找工作的必要条件，人们不该用这种方式展示自己的价值，比起闲聊，我更愿意谈谈我的经验和能力，以证明我是合适的人选。"对此，我表示同意："很多时候，人们在面试中采用的人才识别方法是错误的，因为大家基本上是用社交的方式来进行面试的。我想，你的意思是，为什么面试官会根据交际能力，而不是专业技能来决定是否录用你，对吗？"

通常，我们以社交方式进行的面试很像一场谈话，相比之下，**行为面试则可以减少模糊不清的情况出现，而且效率更高，偏见也更少。**

我在担任人力资源总监的时候，曾多次目睹这种方法发挥了巨大作用。当时，有些求职者给人的印象是较为内向，略显无趣。我没有多细想，就把他们的材料放在了一边，把他们的名字也移到了“不再联系”的一栏，然后继续工作。但在指导了成千上万的客户后，我发现，这位新客户的面试方式也是一种独特的风格，虽然与身为魅力型的我采用的方式截然相反，但它有自己的优点。我看得出，他和我一样，也想给别人留下好印象，只是用了另一种方式。

我告诉他，我们可以制定一个策略，让他以一种真实的方式推销自己，但他对此表示怀疑。

我解释说，面试官和人力资源部门不仅要看你是否能在技术上胜任工作，他们还要考虑，公司同事是否愿意每天与你一起共事。尽管你可能符合所有技术要求，能够胜任这份工作，但他们还需确认，你与公司的企业文化是否匹配。这意味着他们需要知道你是谁，以及你对这份工作的态度，只有这样，才能评估你是否能融入团队。求职者要有能力阐明自己为什么是最佳人选，但这还不够，招聘者还希望找到自己喜欢的人，所以，讨人喜欢也是一个不容忽视的重要因素。审视型最在意的是别人是否认可他的专业能力，而非自己是否讨人喜欢。如果不想被逼着表现得像魅力型，审视型可以主动转变方法，在保持自我的同时，满足讨人喜欢的需求。

他们往往没有意识到，面试所需的技巧与工作所需的技能并不一样，面试需要运用情商。在著作《情商》（*Emotional Intelligence*）中，丹尼尔·戈尔曼（Daniel Goleman）写道："那些给人留下良好社交印象的人，往往善于控制自己的情绪表达，能敏锐地捕捉到他人的反应，因此，他们能不断调整自己的社交表现，确保达到预期效果，从这个意义上说，他们就像是技艺精湛的演员。"根据别人的反馈来调整自己的做法是魅力型擅长的事，但对审视型来说，这往往是个不小的挑战，因为这让他们感觉不真实。

我的委托人说到了点子上：他见过一些不太合格的朋友纯粹靠"演技"就得到了工作。有些人很善于给他人留下深刻印象或讨得他人喜欢，即戈尔曼所说的"社交变色龙"，"只要能赢得社会认可，他们就不介意说一套做一套"。比如，为了得到工作机会，这种情况经常发生，这让许多像我的新客户这样的人，对招聘工作感到恼火且不信任，这反过来又影响了他在面试中的表现。

我鼓励这位新客户积极运用他的情商，在不孤立听众的情况下做自己。我告诉他，面试并不是一定要说别人想听的话，因为说实话，你根本不知道别人想听什么；而是要以最真实的方式突出你最好的一面。戈尔曼说："如果人际交往能力与敏锐感知自我需求和情绪的能力失衡，且后者没有得到满足，就会导致空洞的社会成功——以牺牲自身真正的满足感为代价赢得的人气。"这是我在前文中提到过的一个要点：**真实性至关重要，因为如果没有它，你可能事后才发现这个岗位并不适合你。**

我的这位审视型客户很固执，他宁愿冒着被人认为是混蛋或生性冷漠的风险，也不愿做"社交变色龙"。但他还是有希望的，因为他已经具备了忠于自我的能力，无论社交后果如何，都能按照自己内心深处的感受和价值观行事。这种情感上的正直会让他找到合适的工作，因为他不愿屈就不符合自己内心需求的东西。但为了实现自己的目标，他必须软化自己的棱角，运用好自己的情商。

把面试视为一场考试

在一次企业培训研讨会上，我讲了一个故事：在之前的一次培训中，一位魅力型招聘经理说："我面试结束后回到家里，我丈夫问我今天面试得怎么样，我说'很好，他们都很喜欢我’。”一位审视型参会者举起手说：“我正愁怎么跟妻子解释最近参加的一次面试呢，对我来说，我不会去想别人是否喜欢我，我想的更多的是我对问题的回答，这让我有些担心和紧张，不知道自己回答得怎么样，有没有出错。”

我在与客户和学生的模拟面试中看到了这一点。在面试前，审视型都会提前做好准备，把自己的答案背得滚瓜烂熟，就像念剧本一样。他们的回答点到为止，既没有详细说明，也没有提供太多细节。他们只是专注于回答问题，不在乎肢体语言、自己的存在以及给人的感觉。对审视型来说，面试的重点是他们的专业能力，仅此而已。他们的面试风格也反映了这一点，即认为面试只有是否通过之分。

一位审视型的客户曾告诉我，他之所以不想学如何面试，就是不想学那些技巧，他只想证明自己有资格胜任工作。“其他东西”对他来说很奇怪，对我这个把“其他东西”放在首位的魅力型而言，我认为他的观点很有趣。我提出，也许我们两个的做法都不对，最好的办法可能是把我们两人的面试风格结合起来。**魅力型需要在答案中添加更多的细节、数据和实质性内容，而审视型则需要敞开心扉，加入自己的个性，并与面试官建立更多联系。**

风格案例

增强自信的方法就是做好更充分的准备

史蒂夫是一位标准审视型，多年前来找过我。他是一名消防员，当时正要参加一次重要的升职面试。消防员的晋升基于 3 个方面：资历、考试和面试。他已经通过了考试，现在只需通过面试。但他很焦虑，因为 4 年前他也曾参加过同样的晋升面试，却失败了。他告诉我，这次机会非常宝贵，自己真的输不起了。

史蒂夫一毕业就成了消防员，在晋升面试之前，最后一次面试还是为了进入消防队那次，如今已经过去 20 多年了。他哀叹说，自己从来没有接受过面试培训，然而如今，自己的未来却取决于此。这是他退休前的最后一次晋升机会，这次面试事关重大，因为养老金的数额将取决于他能否抓住这次机会，想到这里，他斗志昂扬。

史蒂夫是个很棒的学生，对自己也很严格。对他来说，自己无法让任何事情放任自流。他很想有一本书，上面罗列了面试问题的所有标准答案，这样，他就能把一切都做到完美。我不得不提醒他，这样想并没有用。只要勤加练习，就不再需要标准答案了。

审视型性格内向，不太愿意敞开心扉。而内向型往往在深思熟虑之后才会开口，这意味着他们需要时间来形成自己的想法。在你提出问题后，他们需要时间思考一下再回答。对史蒂夫来说，参加面试是一件令人生畏的事。我告诉他，增强自信的方法就是做好充分的准备。我们一起完善了相关面试问题的答案，他把自己的表现录了下来，方便回放时观看。这样，他就可以反思自己存在哪些问题，然后征求我的反馈意见。他面试准备得非常认真，我也很喜欢指导他。

审视型注重隐私，不喜欢向陌生人开口。对他们来说，面试是一种不自然的环境，所以，他们倾向于把自己的情绪和感受藏在心里。

史蒂夫告诉我，他认为上次面试失败的原因是放不开，这让他觉得自己就是不擅长面试。他觉得自己太僵硬了，而且他不太愿意解释自己为什么是这个岗位的最佳人选。最主要的是，他对自己没能做好自我营销而倍感失望。

在一次培训中，史蒂夫说“我要告诉你一件事”，这语气听起来像是他要说什么可怕的话。我做好了最坏的打算，然而，史蒂夫却告诉了我一个秘密：很久以前，他想成为一名喜剧演员，还演过一些单口喜剧，他觉得这可能对面试有帮助。

我很赞同，审视型往往不太愿意当主角，所以，我对他在舞台上待过一段时间的事感到又惊又喜。一般来说，往往是魅力型和挑战型更喜欢在聚光灯下展示自己。我说：“没想到你还当过演员，你可以利用这段经历，把这次面试当作一场试演。”

我知道，他不太愿意表露太多个人情绪，也不想在面试中太过毫无保留，所以，我一次又一次地鼓励他多展示自己，多做自己。深入了解自我，在面试中表现出真实的一面，会给他人留下自信满满的印象。

某次培训后，史蒂夫发短信告诉我，自己找到了以前表演单口喜剧的旧录像带，他准备看一看，找找灵感。然后，他在地下室架起了摄像机，录下了自己回答面试问题的过程，神态上既有应对考试时的严肃，又有表演时的放松。他还把视频片段给我看了看，并且把培训的内容拍了下来，以便做笔记。他想出了适合自己的方法，这让他既可以安心做自己，又可以准确地回答各种面试问题。

求职者可以录下自己练习回答面试问题的视频，这便于你从另一个角度看自己，发现自己在哪些方面还有改进的余地。

每次培训的时候，史蒂夫总是说:“我就是不擅长面试。”这时，我就会劝他:“不是这样的，不能因为一次面试没表现好，就觉得自己不擅长。”在面试中表现不佳，纠结于此实属正常，但史蒂夫对自己过去的表现过于挑剔了。这可能是因为审视型通常会将注意力放在不要出错上，所以一旦犯错，他们就觉得自己很失败。

对许多像史蒂夫这样的应急服务人员（如消防员和警察）来说，面试尤其令人紧张，因为他们通常面临的是 3 ～ 5 人的小组面试。其他行业也会采用这一方法，比如学术界和政府部门。企业界往往在不同场景下有 2 ～ 4 次面试机会（从电话筛选到一对一面试），而应急服务人员则不同，他们往往只有 1 次机会，而且摆在他们面前的是小组面试。更让人紧张的是，你还知道自己的竞争对手是谁，因为这个过程是公开的。史蒂夫的这次面试，一共有 3 人参与竞争。他的入队时间最久（这是一个非常重要的因素），但另外两人的面试经验更丰富，而且更年轻。

在面试过程中，你很难忽略自己的竞争对手。有些客户会陷入这样的陷阱：纠结于其他人能提供什么，他人会做什么、说什么、采用什么样的竞争手段。他们被自己想象出来的一切逼疯了。如果知道对手是谁，那就更难了。有些公司会面试很多内部候选人，你可能会通过小道消息打听到对手是谁——可能是同事，或者更糟，是下属。当这种情况发生时，一些客户就会将注意力从自己身上移开，在面试时编造一些答案来反驳想象中的竞争对手，让自己与对方对立起来。他们认为这是好的策略，但事实并非如此。想象你的竞争对手可能会说什么，这需要大量的猜测，而这些假设往往并不准确。我鼓励客户把精力用在构思真实的答案上，把握住能把握的东西：他们自己。

对史蒂夫来说，在帮助他增强自信时，我鼓励他忽略竞争、相信自己。在那场重要面试的前一天，我对他说："如果跑马拉松，你不会把有限而宝贵的精力浪费在回头看对手在哪里，对吧？你需要的是专注向前跑，眼睛盯着终点线，而不是身后的人。面试也是一样：不要浪费精力去在意你的对手。"

重要面试终于到来了。在 3 名候选人中，他是最后一个面试的，时间是下午两点。面试结束后，他给我发来短信:“终于结束了，我感觉很好，起码尽了最大的努力，效果比上次好得多。这次即使不能升职，我也会很自豪。”

我为他感到骄傲。在我们一起工作的过程中，史蒂夫学会了如何敞开心扉，如何讲述自己的精彩故事——把自己的个性和观点融入其中，说明自己为什么是最佳人选。同时，他还学会了把注意力集中在自己身上，而不是竞争对手。但最重要的是，他认识到：一次糟糕的经历并不能代表什么，自己也并非不擅长面试。

几天后，我收到了史蒂夫的短信——他升职了!

谨慎的同时重视人性的因素

审视型注重细节、技术和手头上的任务，把专业知识放在首位。他们态度坚定，经常给人留下严肃的印象。对面试问题的回答显示出他们对过程、事实和细节了如指掌，他们希望在别人眼中自己是合格的。他们很看重自己的逻辑分析能力，希望以此来表明自己专业过硬，但这会弱化其他品质的展现。他们希望给出一致和精确的可验证答案，而不是带有娱乐色彩的故事。

由于不愿出错，他们做事注重精确，但这很可能会导致他们忽略了人性的因素，显得有些不近人情。审视型往往会给别人留下特别专注但也缺乏灵活性的印象，这种僵化会对他们产生不利影响。魅力型与他们截然相反，这种类型的人优先考虑的是迁就他人，有时可能会给人虚情假意的感觉。而审视型只会让人觉得过于呆板，只谈论工作和他们的技能，显得像机器人一样。面试官往往会觉得自己并没有真正了解他们。

审视型需要解决的一个关键问题是：接受面试官想要了解你的这个想法。他们想知道你是谁，你是什么样的人。因为他们不仅要评估你的工作能力，还要评估公司同事是否愿意和你一起共事。你能很好地融入团队吗？审视型倾向于弱化，甚至忽略面试的这一部分，认为它没有相关性，或不是面试过程中有价值的一部分。

审视型往往性格内向，注重隐私。他们在说话前需要时间思考，语速也比外向型慢。回答问题时他们需要更多的时间深思熟虑，所以听起来没有谈话节奏很快的外向型那么紧张。简短的筛选面试对他们来说尤其具有挑战性，因为他们不会很快就打开话匣子，那种只有 10 分钟的电话面试，更是会让他们压力大到一言不发。如果你想让这一类型敞开心扉，那就慢慢来，给他们足够的时间，不要一开始就问试探性的问题。他们很慢热，会慢慢地打开自己，但在面试的前 5 分钟里很难做到。

想想你认识的那些内向型：他们中有多少人喜欢闲聊？有多少人喜欢向一个完全陌生的人分享自己的细节，尤其是在工作机会悬于一线的时候？

我有个沉默寡言的客户，面试他是一件很痛苦的事。我问了他很多直接、具体、实际的问题后，心里非常不是滋味，因为我知道他不想回答。每个问题他最多也就回答 30 ～ 45 秒。比如我问：“你为什么主修精算学？”他回答说：“我数学一直很好。”一般来说，面试官问这样的面试问题，是为了让求职者放松下来，以便面试能顺利进行。他的回答并没有给我太多答案，于是我继续追问：“精算学的课程符合你的预期吗？你喜欢住在费城吗？”他说：“是的。”意识到他的答案只有一个词时，我给了他一个暗示的眼神，想让他继续说下去。可他变得慌乱起来，然后又补充了一句：“我喜欢住在这里。”

审视型总希望闲聊能快点结束，他们想要回答真正的面试问题。但我想对这位客户和所有审视型说，闲聊不仅仅是面试的一部分——在一些没有预先确定问题的非标准化面试中，闲聊可能是整个面试不可或缺的一部分。面试官（尤其是魅力型面试官）可能永远不会问你传统的面试问题，因此你需要做好准备，用对话的方式介绍自己、推销自己。

审视型很难谈论任何与工作、公司或自身能力没有直接关系的事情，他们认为，一份工作应该给最有资格的求职者，而不是那个最擅长面试的人。但现实是，工作机会往往被最擅长面试的人得到了。在那些充分展示自己的人面前，审视型往往被忽略了。

通常来说，他们非常注重从技术角度回答问题，因为他们把面试看作一场考试，所以，他们给出的往往是可验证的、真实的答案，而不是故事。但与背诵简历相比，人们更容易记住你讲的故事。这对审视型来说很难，因为讲故事不是他们的强项。很多面试都是以行为面试技巧为基础，很多面试官会问一些行为性的问题，比如："讲讲你解决难缠客户的经历。"对于这样的问题，答案不可能是简单的几句话。它需要一个故事作为回答，可以参照 STAR 面试法（见第 6 章）给出理想答案。练习 STAR 面试法可以帮助审视型克服弱点，让他们明白，在面试中讲故事是有用武之地的。

审视型有时会提前想好答案，为面试做准备。提前想好答案是不出错的方法，面试的时候，他们不会偏离自己准备好的稿子。如果面试官问了后续问题或要求他们详细说明，他们就会很慌乱。如果感到面试不顺利或面试官不喜欢自己，他们的心态可能会受到影响，但仍然不会改变自己的回答。在这种情况下，魅力型或和谐型会立即改变口风，调整自己的立场和态度来安抚面试官，而挑战型和审视型则不会。他们态度坚定、不摇摆、不屈服，当然也不会说空话。

审视型认为，面试官会把热情误认为是不真诚，所以他们倾向于公正、严肃，并且只关注技术细节。面试官可能会觉得这种公事公办的态度过于刻板，缺乏灵活性。话虽如此，但在面试中，你很难不欣赏审视型。他们致力于给人留下好印象，对组织的价值也是显而易见的，他们做事细致、规划具体、不畏艰难、求知欲强。

我面试过一位销售职位的审视型求职者。在人们的刻板印象中，销售人员应该是魅力型（外向、随和）的，因此，他的出现给我们带来了一种新鲜感。他说，自己的销售理念是站在幕后，让客户成为中心。他认为，最有力的销售策略就是倾听。我认为他非常适合这份工作，就把他介绍给了我们的销售执行副总裁（他属于魅力型）。当我们在面试后汇报情况时，执行副总裁认为他太被动、太顺从了。我认为这是不对的，所以我反驳说，并不是每位销售人员都是主动型。很遗憾，我没能说服领导给他一次机会。但我们的竞争对手录用了他，后来，他的业务非常成功。这是一个教训，也是我们的一大损失。

这个教训以及我从内向的客户和学生那里学到的经验，我一直记在心里。在《不可抗拒的内向型》（*The Irresistible Introvert*）一书中，迈克拉·钟（Michaela Chung）将内向形容为一种特殊技能，而不是一种负担："相当部分的美国人都是内向型，而美国的文化崇尚（甚至强调）外向性格、崇拜个性。"迈克拉断言，内向型有自己独特的行事方式，也同样强大。

我知道，那位副总裁并非沉默寡言的少数人，正如迈克拉所说，大多数人看不到内向型身上"不可抗拒的魅力"。为了成为一名更好的教练和老师，我想更深入地了解内向型的性格特点，这样我就可以帮助他们以一种毫无伪饰、真实无比的方式推销自己。迈克拉认为，由于社会对外向型颇有偏爱，"很多内向型浪费时间去尝试各种风格的外向魅力，把自己塞进完全不适合自己的各类角色中”。与许多内向型共事之后，我看到了他们自身风格的价值，实际上，他们不需要改变自己就能取得成功。

内向型沉默寡言，但这并不意味着他们无话可说，他们与其他人的风格不同，并不意味着他们就是错的。在我指导内向型客户的这些年里，我发现，鼓励他们敞开心扉的最好办法就是适应他们现有的样子。像我这种外向型，往往会跟他们说“放开点”、“多说话”或“你怎么这么安静”之类的话。正如迈克拉所说：“内向型因沉默寡言而备受指责，外向型总是喜欢说内向型太安静了。你肯定无数次被问过‘你为什么这么安静’之类的话。我敢打赌，这样的问题从来没有让你站出来解释自己为什么不爱说话。”更有用的建议是：告诉内向型应该说什么。再次重申，STAR 面试法是一个非常有用的模板，它能帮助我们创作出既能充分描绘画面，又不会让人感觉太夸张的故事。

我曾与一家公司的总裁共事过，他非常内向，却是公司的金牌销售员。当我发现这一点时，说实话，我很震惊，因为他是那么安静、那么谦逊。接触后我才恍然大悟：他是一个很好的倾听者，能让潜在的顾客敞开心扉，并以一种令人心动的安静沉思吸引他们。就像迈克拉所说的“在喧嚣的世界中发挥安静的魅力”，这位总裁确实做到了这一点。

在最佳状态下，审视型会以热情和好奇心来平衡他们对稳妥的需求。他们知道，闲聊可以获得关于对方的重要信息，最终帮助他们在面试中取得好成绩。对内向型来说，闲聊可以为与人密切接触的面试提供一个很好的热身机会，为他们建立联系提供空间，让他们鼓起勇气展现自己。一项关于互惠的研究表明，当我们向某人吐露心声时，他们也会投桃报李。以游泳来比喻的话，闲聊就是亲密交谈的浅水区。天气、交通和流行文化等普通、平凡的日常话题，也蕴含着美、复杂和微妙的元素。但如果你思想封闭，就看不到其中的奥妙。保持开放的心态，人们可能会给你带来惊喜。善于交谈并不是一种应该被削弱的才能，放开心态、善于倾听，这样，当新上司聊起通勤状况时，你就可以猜到他们的心情如何。当未来的同事告诉你公司已经克服了哪些问题、接待员喋喋不休地谈论竞争对手时，你可能会从中看到公司的发展机会。

很多时候，人们害怕闲聊，是因为觉得自己无法引导谈话，会成为他人琐碎兴趣的受害者。但审视型是很好的倾听者，他们会在对话中找到有趣的主题。他们不会像魅力型那样被迫说出自己类似的故事，比如把上班路上爆胎的故事添油加醋地说出来。但他们会提出深刻的问题，并且知道无论别人在谈论什么，他们都会从中学到一些东西，因为他们总是在寻找学习的机会。他们为人真诚，而这正是愉快聊天的核心。

审视型的变体

和其他面试风格一样，审视型也有不同的变体。从图 9-1 可以看出，与审视型最接近的是挑战型与和谐型，审视型与这两种面试风格具有一些共同的特质。

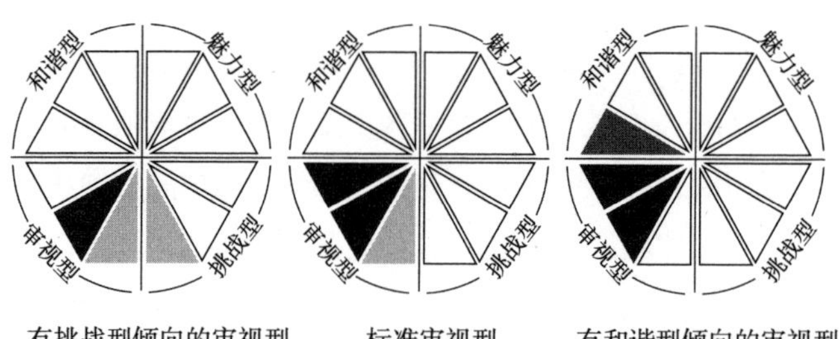

图 9-1　审视型的种类

审视型与挑战型共同的特质

- 专注于内心。

- 以完成任务为重。
- 依靠专业技能。
- 坚定、不灵活。
- 相信事实与真理。
- 不喜欢模棱两可。
- 不愿意自我营销。
- 不喜欢面试浮于表面，更喜欢问或回答行为和技术问题。
- 不需要也不喜欢闲聊。
- 知道自己的技能如何应用于工作。
- 以严肃认真和专业技能给人留下深刻的印象。
- 重视专业知识。
- 谨慎。
- 一丝不苟。
- 自信来自智慧。

审视型与和谐型共同的特质

- 较为保守。
- 不会主动提供简历上没有的信息。
- 内向，不给人太多的机会了解他们的公众形象和工作、生活的细节。

- 慢热。
- 深思熟虑后才开口说话。
- 性格安静。
- 回答简明扼要。
- 不喜欢引导谈话。
- 通过深入思考来解决问题。

由于特质存在重叠的情况，所以在标准审视型之外，还产生了两种变体：有挑战型倾向的审视型和有和谐型倾向的审视型。让我们仔细看看这三种类型之间的区别。

有挑战型倾向的审视型

这一类型是审视型中最外向的。他们天生倾向于保守，但在面试环境中会开启外向模式。他们更愿意独处，但比其他审视型风格的人更愿意展现自己；他们比标准审视型和有和谐型倾向的审视型更愿意交谈和分享；他们通过精确和专业来赢得尊重；他们通过分享自己的专业知识来寻求关注；他们在面试中倾向于主动平衡自己与面试官之间的风格差异。

因此，如果他们被外向型面试，他们可能会变得更内向，反之亦然。有挑战型倾向的审视型在面试时展现出的是占主导地位的个性。他们会以非常详细和精确的方式回答面试问题。在面试中他们会选择战斗，但过程中会行事谨慎。

标准审视型

标准审视型往往是内向而坚定的。对内向型来说，面试并不是一个自然的环境，因为他们一般不会在见面几分钟内就向对方敞开心扉。他们注重隐私，将自己的情感和热情藏在心里，行事非常谨慎。在所有的面试风格中，标准审视型是最直接的。他们更喜欢标准化的一对一面试，因为他们要思考后才能发言，所以在回答棘手的问题之前，他们需要时间整理思路、考虑答案。他们比其他类型更安静，通常会提出更有见地的问题，也更善于思考和倾听。

审视型关注内心，总是在思考自己的答案。他们的面试风格不会因面试官的反馈而改变，无论是肯定的还是否定的。他们的态度始终如一，以"不会出错"给人留下良好的印象。

有和谐型倾向的审视型

这一类型同样坚定，但更包容，他们是所有审视型中最随和的。他们会保持沉默，只有当话题引起了他们的兴趣时，才会参与其中。如果其他人在说话，他们往往只会静静旁观。他们不会把话题引到自己身上，也不会转移当下聊天的主题。他们的谈话风格是围绕他人展开，不去讨论或分享个人细节。他们低调、安静、谦逊，从来不想主导谈话。

Interviewology:
The New Science of Interviewing
面试的科学

- 审视型求职者需要接受面试官想要了解自己的想法，因为他们不仅要评估你的工作能力，还要评估他们自己是否愿意和你共事。
- 与其浪费宝贵的时间去了解竞争对手，审视型求职者不如专注于建立自我意识，培养清晰表达自己的能力。
- 不要急于回答问题，花点时间仔细思考，这样会给对方留下更好的印象。

Interviewology

第 10 章

如何应对审视型求职者

The New Science of Interviewing

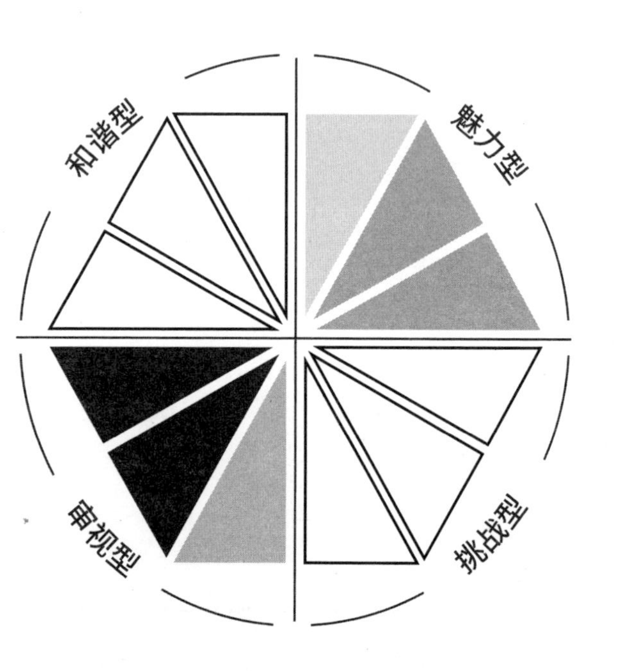

- 我们都有根据第一印象来判断他人的倾向，但审视型的人的这一倾向尤为明显。
- 审视型求职者对面试抱着二元对立的看法，这迫使他们追求完美，结果反而使他们畏首畏尾、心中不安。

2011 年，即我进入大学任教的第一年，我遇到了大一新生拉希德。他是个好孩子，为人活泼开朗、热情洋溢。但他做事很没条理，经常穿着皱巴巴的 T 恤衫和不相配的短裤，脚上的鞋子也不适合当下的季节。我对他进行了一对一的辅导，帮他修改了简历。当时，他从背包底部翻出了自己的已经皱得和他的 T 恤衫一样的简历。他一阵手忙脚乱后，才找到了笔。他缺乏工作经验，思绪散乱，不知道该在简历上写些什么。聊了 20 分钟后，我发现，他高中时一直在亲戚名下一家高档印度餐厅当服务员。他解释说，这让他学会了如何展现职业风范和同时处理多项任务。作为一个曾经当过服务员的人，我深以为然。他一直不愿在简历上呈现这段工作经历，因为他认为这无关紧要，"只是当服务员而已"，他从那里得到的经验在别的地方用不上。

拉希德学的是风险管理专业，他告诉我，自己觉得餐厅的工作和保险业没什么关系。我和他解释说，所有工作都是有价值的，并与他分享了我在餐馆工作的经历。我帮他重写了简历，以便更好地展现他的技能。简历修改完后，他对自己的工作经验和精心撰写的简历有了新的认识。但当他走出房间时，我想，这孩子走不远。

我想告诉求职者的是，所有的工作都是有价值的，当你能不带偏见地回顾自己的经历时，你就会更加自信。更新简历是一个很好的练习，它可以让你抱着欣赏的态度看待自己过去的工作。如果你能客观地反思你的经历，就能反思自己所做的一切，并开始与目标建立联系。

刚开始教书的时候，我还很自负。毕竟，过去的 10 年里，我一直在从事招聘工作，觉得自己有敏锐的直觉。所以，当我遇到拉希德时，我用了多年来一直依靠的第六感来判断他。我的结论是，他是个好孩子，但他不可能得到实习机会。在大学教书的 10 年给我带来的最大好处是，我可以认识很多学生，而且，还是在他们的人生发生巨大变化，开始寻找自我，想成为自己的时候。

第二年，拉希德读大二，他依然是我班里的学生，我发现他更成熟、更放松、更自信了。我只是注意到了这一点，但这并没有改变我对他的看法。他大三的时候，我也已经在大学教学并开展训练工作有 3 年了。我见过很多客户，也遇到了数不胜数的学生，我的自负早已消失不见，我开始以一种新的方式看待他人。大三的拉希德已经成熟了，皱巴巴的 T 恤衫和乱七八糟的简历都不见了。我也成熟了，不再以最初的印象来判断别人，眼界也更开阔了，看人的角度也更为全面了。

拉希德很认真地度过了暑假，除了在餐厅当服务员，他还在父母朋友的公司找了一份实习工作，因为他下定决心，要有一份“真正的实习经历”。第二年春天，他获得了我们项目中竞争最激烈、最令人垂涎的实习机会之一。

当年 10 月，大四的他回到了我这里，请我和他一起进行最后一次简历修改，当时，他已经收到了 3 份工作邀请。他欣喜若狂，我也由衷地为他感到高兴。他走后，我记得自己在办公室里沉思了好久，觉得自己之前错得离谱。最初我对拉希德下定论的行为，就像在冬天评判一棵树不够茂盛一般荒唐。在树枝光秃秃、处于休眠状态的时候，对一棵树进行评判是多么不公平！我的学生教会了我，只要再耐心等一会儿，春天就会到来。过早地判断一个人，会剥夺其成长的机会。担任职业培训教练的角色，容易让你处于评判者的位置，而不是为他们提供鼓励和支持的支持者或啦啦队长。

拉希德是最早帮我认识到我们对他人的第一印象并不准确的客户之一。其实，第一印象往往与实际情况相去甚远，虽然我们都有根据第一印象判断他人的倾向，但在所有的面试风格中，审视型的这一倾向尤为明显。这是因为他们受到了所谓“专家心态”的驱使，即他们认为自己是专家。就像我以前一样，这使得他们很难准确地判断别人。

尼古拉斯·艾普利在《心灵智慧》（*Mindwise*）一书中阐述了我们往往很难理解他人的所思所想这一事实。他认为，你越是觉得自己能读懂别人的想法，反而越不可能准确地预测出别人的心中所思，盲目自信等于误解。当我对拉希德做出判断时，我出于自信，认为自己的经验是正确的，但我的自信阻碍了我看到他的潜力。

当审视型处于所谓“专家心态”时，就会以为自己精于面试，认为面试要么通过，要么失败，但这样就失去了实践、探索和享受过程的空间，就像我盲目判断拉希德时的情况一样。审视型几乎没有犯错或即兴发挥的余地，他们会陷入专家心态，认为只有一种方法是正确的，任何小错误、小违规或小失误都会让他们付出巨大的代价。**在对方还没有充分展现自己的时候就妄下论断，无异于在冬天评判一棵树的命运。**

审视型不想出错

审视型对自己的要求很高，认为自己会受到严格的评判，担心自己会在手握工作机会的人面前显得过于愚笨。他们认为，面试只有两种结果：要么得到这份工作，要么被拒之门外。就像是一场考试，要么通过，要么不通过。从这个角度来看，魅力型对待面试的态度更为灵活，他们将面试视为建立联系的机会。审视型对面试抱着二元对立的看法，这迫使他们追求完美，结果反而让他们畏首畏尾、心中不安。

审视型不想出错，因为他们想节约资源。正如他们所说："如果总是做不对，那还有什么意义呢？"如果花费了巨大的精力应付"空洞的表演"，那就一定要有所收获，比如得到工作机会，否则就很不值得。

埃伦·亨德里克森（Ellen Hendriksen）博士在《如何克服社交焦虑》（*How to Be Yourself*）一书中将这种对完美的需求称为"我们内心的批评声"。她解释说："这种内心的声音希望你事事做到尽善尽美，所以它会迫使你拿出更好的表现，但同时也会削弱你对自己能力的信心。从某种程度上来说，你觉得自己应该不费吹灰之力就能拿出完美无瑕的社交表现。"审视型一直承受着这种来自内心的批评压力，要求自己做到完美，可如果没有经历先尝试再失败的过程，他们是不可能做到完美的。显然，内心的批判和对完美的追求反而会限制自身发展。他们要先让内心的批评声安静下来，而后才能大胆地尝试。

管理自己对不想出错的需求

在面试过程中，你会遇到各种各样的情况，比如与经验、水平参差不齐的人打交道。作为一个有着 20 多年面试经验的人，我从未见过两次完全相同的情况。如果你认为面试只有一种正确的方法，有些方法注定会失败，那么这种想法只会让你陷入失败和期望落空的境地。后来我才知道，大多数人都没有接受过面试培训，基本上都靠临场发挥，没有人遵循面试指南，因为根本没有面试指南可以参考。审视型总是害怕出错，我有一位不会跳舞的朋友就是这样。她十分坚信，自己跳起舞来会像个傻瓜。**面试就像跳舞一样，是一个需要不断练习的过程。这不是考试，你不可能全答对。**

面试是探索性的，它会让你对自己有更深刻的认识。如果面试效果不佳，你也能吸取教训，找到调整的方法。如果面试很顺利，你会明白哪些做法行之有效。在后续面试中，你可能还会延续之前的做法，但面对不同的人可能会失灵。就算面试很顺利，你得到了这份工作，这也并不意味着这份工作就是你梦寐以求的。面试过程中你可能会发现，自己并不喜欢这份工作、这家公司或眼前的面试官。可能在经历了整个过程后你才意识到，自己并不想离开现在的工作岗位。

除没有被聘用或没有得到工作之外，我们的人生还有很多可能性。对其他可能性持开放态度会让面试过程更愉快，实际上，这里会有更多机会。

面试不仅仅是为了得到一份工作，它还能帮你了解自己的职业目标。就像你在面试中注意到自己喜欢的东西一样，也要留意哪些是自己不喜欢的东西——职位的某些方面、招聘经理的素质，或者是与企业文化有关的某些细节。这些都有助于你做出明智的决定，帮你最终找到适合自己的工作。

正如一位审视型客户所说："我很固执，总觉得自己的方法就是最好的，但离开学校几年后，我才意识到，我的方法是缺乏逻辑的。如果不做出改变，犯错的次数将远比对的时候多。正是这种认识让我放开了心态，接受了以前不曾接受的其他可能性。可以说，从原则和逻辑上讲，我变得更加开明了。虽然我不能容忍自己出错，但正是曾经的错误帮助我走到了今天。”

面试和跳舞一样，我们要冒着看起来像个傻瓜的风险。提升自己也是这个过程的一部分，要想变得更好，有机会得到这份工作，唯一的方法就是把自己展示出来，光坐在舞池边是做不到这一点的。不求完美，也能享受乐趣，但不展现自己，就不可能在面试中取得好成绩。作家兼生活教练玛莎·贝克（Martha Beck）很好地阐明了这一道理：“不做任何可怕的事情就想克服恐惧，就像在靠近水之前就想学会游泳一样——如果能做到这一点固然很好，但这是不可能的。”

审视型对自己的脆弱感到不安，因此，他们会用事实来武装自己。我们要把自己从追求完美的想法中分离出来，走出非黑即白的二元对立世界，要采用一种更原始、更自然的方式，拥抱我们人性中的脆弱一面。

试着放过自己，记住，没人比你待自己更苛刻了。你当然可以借机继续苛求自己，给自己设定更高的标准；你也可以利用这个机会来了解自己的方法是否有效。试着改变一下风格，尝试新的事物，做不同的准备，这个过程会让人兴奋不已。

审视型对完美的痴迷会让自己孤立无援，因为所谓“正确”的道路，往往只有一条。但事物的包容性越强，整体联系才越紧密。审视型可以关注一下与自己相反的风格，从而学会享受过程。在放下对完美的苛求方面，可以向魅力型学习。正如我先前所说，魅力型不会把面试看成是结果只有通过或失败的考试，而是会把它看作了解别人的机会，是与人建立联系的第一步。这样看问题，就能减轻自己的压力。

当审视型意识到答案并非唯一时，才会放松紧绷的神经。有很多人都采取了不同的方法，他们不仅通过了面试，还得到了工作。

世上没有十全十美的事，唯一能让自己感到自豪的方法，就是在不确定的情况下，不顾错误和挫折，勇往直前。自信源于实践，不必苛求事事做到尽善尽美，只要行动起来。其中蕴含着一种自由：你不需要做到完美，就能得到吸取教训的机会或前进的动力；只要放手去做，小步前行，也可至千里。**完美是一种幻觉，不要让它阻碍你的脚步。**不管内心有多害怕，都要勇敢行动起来。

尽其所能就好，如果你尽了最大努力做好准备、完成工作，那就足以为自己感到自豪了。这比追逐一个难以捉摸、遥不可及的完美目标要好得多。

审视型求职者的面试表现分析

审视型求职者在既不想出错，又想展现专业素养之间取得平衡时，面试效果往往都不错。他们是很好的倾听者，因为他们并不希望成为主角。他们的回答毫不啰唆，总是会准确无误、实事求是，以此表明自己是这份工作的最佳人选。魅力型擅长讲故事，挑战型擅长调查，审视型则依靠自己的专业素养表现优异。他们说话从来不会含糊不清，而是追求精准，给人一种稳重的感觉。

面试进行得顺利时，他们会在希望别人承认自己的专业素养和暴露自己的不安之间取得平衡。他们明白，要想在面试中表现出色，不仅要让人看到自己的专业技能，还要了解他人，做到这一点的最好办法就是展现自己更为人性化的一面，理解这世上没有十全十美的事。**最为聪慧的审视型，会允许别人走入自己的世界，哪怕只是片刻的交流。**

当审视型求职者在面试时表现不佳时，大多是因为他们没有放开。他们极力避免闲聊，对于自己认为无益且不真诚的问题，他们的回答会非常简短。他们只关注自己认为重要的事情，答案只有三言两语，给人一种兴致不高的感觉。对提出面试问题的面试官来说，他们感受到的似乎是对方十分不乐意开口说话。

正是因为对出错的恐惧，他们才会变得如此谨小慎微。审视型不喜欢讨论自己，在面试时也不期望得到别人的喜爱，他们十分依赖自己的工作能力，而没有想过其背后的原因。从本质上讲，他们不会走出自己的舒适区。他们小心翼翼，谈话中几乎没有任何细节信息和可以诠释的余地，往往被人认为过于单调。他们在回答问题时，会把自己的个性完全隐藏起来，使“软技能”退居其次。他们隔绝了自我，只注重技术，但故事才是我们与他人建立联系的纽带。故事可以让你的观点生动起来，除了干巴巴的报告，你还可以借助它来强化观点。回想一下你最喜欢的老师：他们是只站在教室前面给你上课，还是把课堂变得生动有趣？要让别人记住你，认为你是最佳人选，最好的方法就是给他们讲一个关于你自己的故事。

面试效果欠佳时，审视型可能会把面试看成一场交易，不会微笑或寒暄。当然，面试官确实是在工作，他们也会得到报酬。但审视型需要意识到，我们都有金钱之外的需求。即使是在做本职工作的时候，人们也希望自己有所作为、受到关注和赞赏。对于这些细节，审视型很不耐烦。他们会想，一句恭维话到底有什么用？面试是为了证明我擅长这份工作，而不是擅长表现自己，我为什么要讨别人喜欢呢？

从本质上讲，审视型希望面试只与工作有关，任何偏离这一点的面试都像是一种强加、一种妥协。之所以面试效果不佳，是因为他们拒绝做出妥协。

审视型有着崇高的目标，也能从微小的热情举动中受益。他们需要记住，只需一个展现自己温和一面的小小举动，就可以改变别人对自己的看法，并不是做所有的事情都要大张旗鼓。

审视型求职者认为，让面试官看到自己的能力是被录用的最重要因素，因此他们会优先谈论工作、自己掌握的可转移性通用技能以及如何改进流程。

如何面试审视型求职者

审视型喜欢技术性的汇报，而非与他人建立联系。他们不需要闲聊，其实他们更喜欢的是只针对专业知识进行的技术面试。对他们来说，对话式面试就是在浪费时间，远不如技术面试重要。他们认为，面试时最重要的一点是弄清工作内容是什么，以及他们能否胜任。面对闲聊，他们只会勉强参与，不会透露太多信息。

有位客户曾告诉我，一位人力资源专员问他对居住地的看法，他感到厌烦和恼火，因为这些问题都与他能否胜任这份工作无关。我反驳说，也许她是魅力型，正在寻求和你建立联系。客户表示同意，但又说："我回答了这个问题，可我很不开心，这问题和工作有什么关系呢？"

对面试官而言，重要的是要知道他们并不是不喜欢你，也不是对这份工作不感兴趣，只是认为闲聊是无关事项。想要让审视型求职者放开畅谈，应该从面试问题开始，再以聊天结束。同时，还要确保聊天的内容与工作相关，因为他们不愿意分享任何简历上没有的内容。

如果你对一名审视型求职者说："请说明你是怎样完成某项工作的。"他们往往会选择谈论流程、方法和工具。他们不会提及所在的团队，不是因为团队不重要，而是因为他们觉得这是不言自明的。他们的回答会更加侧重于自己的专业能力，因为他们更关注的是自己能否胜任这份工作。他们希望在面试前能确认职位描述，以此衡量自己是否符合招聘经理所说的要求。

审视型求职者希望了解工作本身、角色和职责、他们的技能如何应用、自身如何适应、如何改进工作流程等情况。他们会问一些关于职位描述和招聘需求的问题，这样，他们就可以说明自己为何能够胜任这份工作。魅力型会告诉你，他们为何想要这份工作，而审视型则会说明自己会如何对待这份工作。

面试审视型求职者时，可以请他详细说明为什么对这份工作有需求，而不仅仅是如何在岗位上发挥作用。如果你想知道什么，就要问得具体点。你要根据职位描述中的能力要求，提出更有针对性的问题。了解求职者之前所做工作的细微差别，可以更好地预测他们将来的表现。

如何应对审视型招聘者

这一类型的招聘者往往会把面试当成是对一个人的测试。他们会显得冷酷无情、令人生畏。审视型招聘者在面试时可能会带着一种傲慢的语气、骨子里的距离感和明显的谨慎。他们也许会采取标准的标准化面试方式，在这种情况下，求职者要遵循一定的原则。对那些坦露自己的弱点，或带着兴趣接近他们，且敢于问出一些深层次私人问题的求职者，他们往往会心生不悦。

审视型招聘者会关注求职者的工作经验，如做过哪些项目以及日常的职责是什么。归根结底，他们关心的是求职者身上的哪些技能可以用于招聘的岗位。在此基础上，他们才能判断出你是否具备满足这项工作所需的条件。如果你不具备他们所需的经验，这也没关系，他们会根据你给出的其他工作经验和明确的数据，判断你是否足以成为合适的人选。

审视型招聘者会仔细听取你的答案，不喜欢你即兴发挥，而是希望你能提前做好准备。无论如何，他们都会向每位求职者提出同样的问题。他们不会开口闲聊，也不会中途更改面试问题。

仅凭热切和激情是无法完全说服审视型招聘者的，必须有相应的支撑。求职者需要详细说明自己的相关资历来增强自己的竞争力。要提供详细数据和其他有力证据，结合自己对这份工作的渴望来论证自己为什么是最佳人选。如果只是围绕他们的话讲个故事，这只会让审视型面试官更为疑惑。

最重要的是，审视型招聘者不喜欢模糊不清的答案，所以你的回答要清晰、准确、切中要害。

如何应对与审视型完全相反的魅力型

魅力型把与他人建立联系放在首位，擅长语言和非语言沟通。他们会根据对象调整自己的行为和风格，这一点与坚持自己风格的审视型完全不同。魅力型往往非常热切，充满热情，这可能会引起审视型的反感，觉得他们不真诚。魅力型招聘者希望审视型求职者能敞开心扉，不仅要谈工作经验，还要聊聊自己的观点和想法。从本质上讲，审视型会对事物质疑，他们在面试时可能倾向于采取怀疑的态度，这与魅力型乐观、开放的态度截然相反。审视型需要走出舒适区，他们喜欢坐在后面静静观察，但对魅力型来说，这意味着没有兴趣参与。魅力型招聘者希望审视型求职者分享的不仅仅是细节，还有他们通常只留给亲近之人的能量。

审视型如何从其他面试风格中取长补短

如果审视型能从其他面试风格中汲取一些特质来平衡

自己的自然倾向，那么他们就能取得更大的成功：

- 学着包容，像魅力型那样享受了解一个人的过程。
- 像挑战型那样放开自己。
- 运用和谐型的适应性和随和性来表达自己的观点。

给审视型的建议	**如何控制不想出错的执念**
与人建立联系是有回报的	“结果可能不完美，但我会尽最大的努力。” “即使没有得到这份工作，我也能学到一些东西。” “我要全面展示自己。”

Interviewology:
The New Science of Interviewing
面试的科学

- 你是谁，为什么要做之前的工作，这些都很重要。审视型求职者需要知道的是，在面试中分享这些并不是一种负担，不要害怕分享简历上没写的故事，也不要对分享自己过于排斥。
- 审视型求职者不要把自己局限于“面试要么成功，要么失败”的思维模式中，即使没有得到那份工作，你也没有损失，经验在任何时间、任何地点都是宝贵的。
- 审视型招聘者需要记住的是，面试不是考试，而是与一个人建立联系的开始。
- 挑战型招聘者需要在面试中深入了解求职者，以确定他们是否能融入企业文化，为客户服务，并能与同事合作。

第 11 章

和谐型："我想要合群"

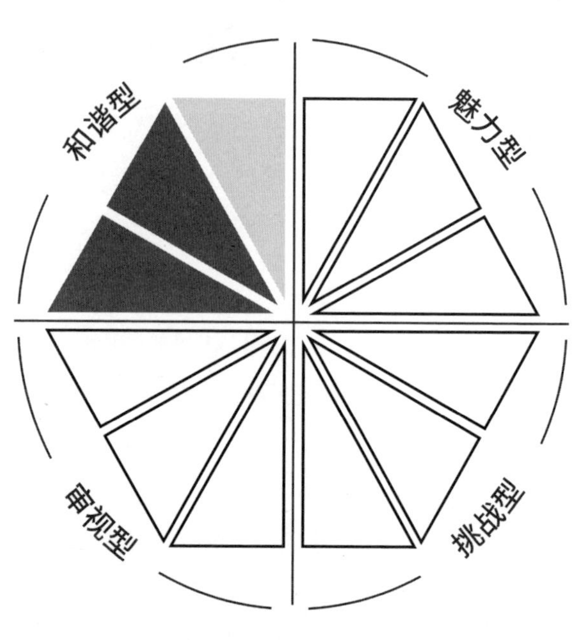

- 和谐型求职者不喜欢划下明晰的界限，很难大方地展现自己，告诉别人自己是谁，想要什么，以及背后的原因。
- 想要融入团队、适应文化的需求，并不意味着和谐型的人没有强烈的自我意识。他们想要追求不一样的东西：超越自己，成为宏大事物的一部分。

2016 年 11 月的一个天气阴冷的下午，我正在天普大学福克斯商学院的一间教室里讲授面试技巧，突然感到右臂一阵刺痛。我想，也许是我的坐姿导致了胳膊不适。几分钟后，当我看着教室里的高年级学生，而他们都急切地想听到我讲述关于如何谈判的后半部分内容时，突然，我的腿也麻了。我停顿了一下，心想：为什么我身体的整个右侧都麻木了？我从不轻易中断课程，等到下课后，我才开车去了急诊室。

我穿着全套西装躺在担架上，心想：自己一定是中风了。我的脑海中浮现出各种可怕的灾难性后果。我强迫自己不去医疗网站上搜索相关症状，而是等待医生的到来。护士做了各种检查，结果显示一切正常，但我感觉很不对劲。我的右侧身体仍然麻木——我的脸、胳膊和腿都是如此，而且这种麻木已经持续了几个小时。我想起爷爷中风倒地后我找到他的那一刻，一连串可怕的回忆涌上心头。就在我强忍泪水的时候，急诊室主任走了进来。他是一个安静、谦逊的人，对病人的态度很温柔。他坐在担架旁边，和我聊了起来。他问我开始感到身体麻木的时候在做什么，我告诉他我在上课。他问我是教什么的，一时间我还真不好意思说教面试。我看着自己的脚，酒红色的高跟鞋从医院的毯子里露了出来。我内心有些挣扎，因为我觉得自己的工作与医生相比微不足道，但我还是说："我教招聘经理和学生怎么面试。"

我永远不会忘记医生当时的反应。他把头往后一仰，大声说："哇哦！我很想了解这方面的知识，因为我很不擅长面试，每次面试我都很害怕！"什么？这怎么可能呢？这话竟然出自一个上过医学院、管理急诊室的资深医生之口，着实让我震惊不已，因为我觉得急诊室是最艰苦的工作环境之一。我心想，你每天都在处理紧急医疗状况，时常能看到人性最丑恶的一面，怎么会害怕面试呢？他接着说："我一直都不知道他们想让我说什么，我对此很紧张。"

这位医生属于和谐型，安静又谦逊，对待病人的态度很温和。他和我开玩笑说，他能与病人相处得很好，但这并没有让他在面试中表现出色。他说，他很讨厌推销自己，相比之下，他宁愿多讨论一下自己是谁，而不是自己有什么能力。他说，自己的面试经验不多，自己对面试也是避之不及，但这种逃避让他裹足不前，他就更加不敢尝试了。

离开急诊室时，我还没有得到确切的诊断。我很担心自己出现了多发性硬化症或帕金森病的早期症状。回想起和医生的谈话，我不明白他每天都要面对比这更糟的情况，怎么还会对小小的面试如此惧怕呢。我们都害怕自己没有经历过的东西，未知本身就是可怕的。面试对我来说很轻松，因为我参加过上万场面试，这和站在病床边对他来说没有压力一样，他也已经有过成千上万次的经历了。

磁共振成像结果显示，所有最坏的猜想都被一一排除，我被诊断出患有偏瘫型偏头痛，这是一种会导致身体一侧暂时性无力的偏头痛。我如释重负，也因此对自己的工作有了新的认识。

把面试视为一次试演

给我看病的医生是和谐型，他在病床前表现得和蔼可亲，让人很安心。然而，这一风格让他在工作中游刃有余的同时，也妨碍了他获得新的工作机会。对其他和谐型来说也是一样，因为他们比其他任何风格的人都更重视听众，这给他们的面试带来了独特的挑战。和谐型希望融入、渴望合群、想要与人和睦相处。他们会克制自己，猜想面试官想要什么，并调整自己的态度以迎合这些假设。和魅力型一样，他们寻求面试官的认可，希望得到对方的喜欢。他们想融入群体，但与魅力型不同，他们是偏内向的，不会像魅力型那样表演。他们通过随和的态度、表现出为团队添砖加瓦的意愿来推销自己，这与挑战型截然相反。挑战型会提出尖锐的问题，且不介意扮演令人讨厌的角色。和谐型则不同，他们不会破坏现状。他们的目标是让其他人感到放松，关心的是别人是否舒适和想要什么，而不太担心自己。

招聘经理阿曼达在面试前的准备会议上向我坦言："我很难与陌生人交谈，更糟糕的是，给不认识的人发邮件对我来说也很难，因为我不知道是应该友好一点，还是应该直奔主题。我不知道他们想要什么，但我想成为他们喜欢的样子。"我告诉她，她可能想多了，为什么不做回自己呢。她笑着说："一说到别人想要什么，我就会想很多，由此产生的恐惧和不确定性让我寸步难行，很拖我的后腿。"

阿曼达的所作所为与很多和谐型如出一辙，其本质都是为了给他人留下更好的印象而降低了自己的需求。他们非常包容，希望能和每个人都和睦相处，但结果可能会适得其反。他们可能过于关注听众而迷失了自我。一旦没有听众，他们就会无所适从、表现不佳，有时甚至会选择放弃。许多和谐型都说，没有听众，他们会感到失落；没有互动，他们就不知道该如何表演；没有人在身边时，他们就会陷入沉默。这是因为和谐型是以周围的人为活动基础的。

和谐型需要做的是深入了解自己的不安，弄清楚自己想要什么，而不是只想着别人想要什么。对于阿曼达，我问她："如果没有观众，你会怎么表演？"这个问题把她吓坏了。我又问："如果只做自己，你会怎么样？"看到她不知道该怎么回答，我建议说："我们先来想个切实可行的办法，让你在需要发邮件的时候不会无所适从。比如，当你收到一封非常友好的邮件时，你会有什么感觉？"

"很开心。"她说。

"那你想给别人留下同样的印象，让别人也很开心吗？"我问她，她点了点头。我提醒她说："所以，你在发邮件介绍自己时，措辞一定要友好。"

她略带担心地问道："嗯，可能没那么简单，如果对方不是你说的那种类型呢？如果他们不喜欢收到客套的邮件怎么办？”

我说：“我喜欢你的善解人意和体贴，但你是不是太在乎别人的感受了？你会不会把自己的身份过多地建立在猜测别人是否需要的基础上？”她的答案是“当然”，因为她很难相信，只凭做好自己，就能招到合适的求职者。她总是把自己塑造成别人想要的样子，就连面对求职者时也是如此。

面试是一个需要推销自己的场合，如果不向对方展示自己是谁，就无法达成这一目标——你是故事中最重要的部分。在所有的面试风格中，和谐型最难做到这一点。首先，他们会把别人的需求放在首位，而非表现出自己真实的样子，他们很担心自己被人认为很苛刻。其次，他们很难把功劳归于自己。他们更愿意谈论你、你的团队和你的目标，而不是他们自己的目标。

和谐型不喜欢划下清晰的界限，很难大方地展现自己，告诉别人自己是谁、想要什么，以及背后的原因。但知晓这些信息，对于取得成功和达成目标至关重要，在面试中尤其如此。有时，招聘经理会问你一些刁钻的问题，他们想知道你做了什么以及为什么会这么做。他们想了解真实的你，看看你是否适合这个团队。和谐型可以向自己的对立面——挑战型学习，他们对展现自己毫无顾虑，也很看重被倾听和被尊重的感觉。

风格案例

不要被应该追求的东西迷惑，关注自己真正的需求

我认识安妮塔超过 15 年了，在我做第一份人力资源工作时，我们就一起共事了。我把她当作同事、客户和朋友。她热情而包容，喜欢练瑜伽，崇信佛陀的精神。她沉着冷静，坚定不移地致力于帮助他人。她主修的是社会工作专业，在为青少年罪犯的改造努力多年后，进入了人力资源行业。

15 年前，我就这样遇到了她，当时，她正怀着第一个孩子。我们在一间狭小的人力资源办公室工作，两个人离得很近。不久后，我辞职了，去了市里做招聘工作。她待了一段时间后，也跳槽去了另一家公司，办公室大了很多。

安妮塔的孩子渐渐长大，她也从一般业务员成长为人力资源业务合伙人，在制药行业继续从事人力资源工作。她业绩出色，同时还兼顾着一些社会工作。她积极为员工发声，给他们提供咨询，倾听他们的意见。但是制药行业压力很大，经常裁员，“解雇员工”几乎成了她工作的全部内容。她做得很好，但这让她很痛苦。

她需要走出去，换个更稳定的行业，这不仅是为了她正在慢慢长大的儿子，也是为了她能有个健康向上的精神面貌。她需要一份能够支持员工而非总在解雇他们的工作，其企业文化要能反映她的价值观。她找到了一家看起来很完美、很可靠的公司，那里从来没有裁过员。

安妮塔属于和谐型，面试新工作时，她一直有所保留。因为她想先观察一下这家公司是如何宣传自己、如何面试的，以及企业文化是什么样的。她放松了下来，一切交由企业方主导。她没有为面试做任何准备，只是想去“摸摸底”。她和大多数和谐型一样，觉得自己无须准备。因为当她能够读懂面试房间里的氛围，以及面试官的肢体语言时，就知道怎么应对才最合适了。

安妮塔坦言，自己的方法几乎总能奏效，除非面试官面无表情。然后她说:“我没有什么计划，因为我是根据他们的言谈举止来决定下一步行动的。”

和谐型优先考虑的是适应环境和融入群体，他们把面试看作一次能否融入团队的尝试。

面试进行得很顺利，安妮塔也得到了工作机会。她打电话让我帮忙参谋一下，看看要不要接受这份工作。当时，她的主要诉求就是不裁员和拥有更多的保障。该公司刚好能满足这两点，我问她是否只在意这些，她说是的。

安妮塔参加面试前几乎没有做什么调查，也没有先入为主的想法，就是想看看自己对公司的感觉怎么样。她只参加了一次面试，据她说，面试官更看重她是如何回答问题的，而不是介绍公司的相关信息。她承认，凭感觉可能不足以支撑她做出重大决策，但她确实厌倦了目前的工作，所以最终接受了这个职位。

6 年后，安妮塔的儿子上了高中，她发现自己又回到了闷闷不乐的状态。让她顺利融入团队的品质，也让她感到孤单和被孤立。

她所在的公司并不像她那样具有和谐型的特质——既不随和，也不关心团队成员。公司里的很多人都和她截然相反，安妮塔更灵活、更乐于助人，而他们则以态度坚定、敢于提出尖锐的问题而自豪。毫无疑问，公司需要她，但并不会让她放松下来。

作为和谐型，安妮塔很难明确说出自己的需求。在面试中，她没有为自己说话，也没有说自己需要什么支持才能成功。她学到了非常宝贵的一课：随和固然重要，但了解自己是谁、自己想要什么并为之奋斗，也同样重要。

不要在模仿的过程中迷失自己

和谐型认为别人的意见比自己的意见更有价值。为了合群，他们会优先考虑其他人，希望因随和而得到他人的喜爱。对他们来说，面试的前 5 分钟非常重要，因为他们要评估形势和面试对象，看看应该采取什么样的应对方法。他们去面试的时候，并没有想过要主导面试，只是想看看面试是如何进行、如何发展的，以及后续结果如何，他们的方法可以被称为被动观察。

和谐型求职者会从面试官身上观察到线索，摸清楚对方的态度和兴趣后，他们会加以模仿与附和，从而给人留下好印象。他们认为，模仿是最真诚的恭维，要想证明自己适合团队，最好的办法就是表现得像其中的成员。他们很轻易就能融入群体，不像挑战型和审视型那样，不会根据面试官的话来调整自己的行为。

和谐型往往很难在面试中讲述自己的故事，部分原因就在于他们的面试方法。对他们来说，新工作就是一张白纸、一个新的开始，他们认为，过去的工作与之并不相关，他们不希望别人纠结于他们过去做了什么，而是希望可以讨论潜力，即未来他们能做什么。他们很愿意回答有关目标岗位的具体问题，而不是就过去的经历进行一些泛泛之谈。例如，面试的开头，面试官一般会问求职者："能讲讲你的工作经历吗？"和谐型对这个问题很反感，相比之下，他们更愿意听到这样的问题："如果你得到了这份工作，能否向我们介绍一下，在最初的 30 天、60 天和 90 天里，你计划怎样适应新的岗位？"他们非常重视相关性，会在心里想：这对我面试的工作来说很重要吗？这和招聘的职位有什么关系？

虽然他们更喜欢具体的面试问题，但众所周知，和谐型并不太愿意公开自己的所思所想，所以，面试官可能很难猜透他们的心思，因为他们就像是"安静的变色龙"。他们需要融入群体，渴望谈论未来，这使得人们很难让他们安定下来，而他们自己也很喜欢这样的生活。

和谐型不愿意在面试中花时间谈论自己，他们想倾听并补充别人说的话。从某种程度上来说，他们是无私的，而魅力型是自私的。和谐型渴望归属感，因为他们喜欢成为团队的一分子。而魅力型之所以想加入团队，是因为这样的话，他们就可以展示自己的能力了。

这种想要融入团队、适应团队文化的需求，并不意味着和谐型没有强烈的自我意识。他们关注未来而非过去，并不意味着他们不了解自己的工作经历，只是他们认为这与他们接下来想做的事情无关。他们想要追求不一样的东西：超越自己，成为宏大事物的一部分。这种需求、这种动力往往会给人留下深刻的印象。他们希望融入公司的企业文化，成为优秀的团队成员，让世界变得更加美好。在传统意义上，这些优秀的品质是员工身上的闪光点。我们希望能招到那些认同公司使命、愿意为了实现宏伟目标而努力的人。

像安妮塔这样的和谐型会认为，听从面试官的意见可以给他留下好印象。他们不会像审视型那样背诵自己的简历，也不会像挑战型那样提出尖锐的问题，更不会像魅力型那样急于表现自己，而是会靠着合群、灵活、深思熟虑的优势来展现自己。他们通过倾听来展现自己的价值，给人留下细心的印象。他们对别人的需求非常敏感，宁愿冒着犯错的风险，也不愿纠正什么，会不惜一切代价避免让别人感到尴尬或难堪，即使这个代价是得不到这份工作。

他们很难提出尖锐的问题来考验别人，所以，当他们担任招聘经理时会比较麻烦，因为他们不想让别人为难。

我曾给一些企业高管做过招聘培训，其中有一位和谐型客户，他看完自己的面试学档案后说："我听起来像是一只哈巴狗。"我请他进一步说明一下，他说："我确实会考虑其他人，也确实更关心团队，但我觉得身为管理人员，这样似乎不太好。我不是应该更苛刻、更强硬、更自我吗？”

我说：“你把非凡的品质带入了工作，但你的偏见限制了你的思考方式。也许你已经接受了高管‘应该’如何行事的传统观念，但你也有自己的管理理念，你没必要照本宣科。”他承认，也许他不够自信，和谐型确实会有这样的倾向。

这一类型往往心平气和，我认为，这正是优秀的领导者应该具备的品质：在压力之下保持冷静。他们心思缜密、气度沉稳，不像魅力型那样过于热情，而是十分克制，但这有时会让他们看起来兴致不高，或不太情愿。

他们对团队的兴趣高于自身，这可能会妨碍他们书写自己的故事。我曾经遇到过一位为面试而苦恼的客户，他有心做准备，但又不想谈论自己。我笑了笑，然后才意识到他是认真的。无论在什么情况下，他都想让别人来当对话的主角，从而给人留下更好的印象，但在面试中不能这样。**无论你是求职者还是招聘者，你都需要知道自己是谁、想要什么，人们也需要了解你。**和谐型会弱化自己的优势，过分强调他人。就像审视型需要在面试中展现出完整的自我、突出自己的个性和专业能力一样，和谐型也需要多使用“我”之类的词，而不是“我们”这样的集合词。

魅力型非常希望能给他人留下深刻的印象，他们是演员，希望自己从衣着到肢体语言以及整个表演都完美无瑕，一切都要经过深思熟虑，但和谐型不会考虑采用这种行为方式。

与我合作过的一些和谐型求职者给我的反馈是，他们没有认真对待自己的面试着装，这并不是因为他们不在乎别人的看法，而是不想因此受到人们的关注。他们希望给人留下的印象是，他们对了解招聘经理、工作本身和公司情况更有兴趣。他们想融入群体、适应环境，有时也会尝试通过服装来达成这一目标。他们并不是不喜欢陈述，而是不想让人过于关注自己，不想太引人注目。

如果所从事的行业让你在面试时不必太过在意穿着打扮，和谐型就会利用这一点。但想象一下，在华尔街一家对冲基金的面试中，一个故意弱化自己的长处、穿着也不引人注目的和谐型求职者，其面试效果会怎样？一个只考虑他人，不关注自己衣着的同类型求职者，在参加设计公司面试时，其面试效果又会怎样？在有些岗位和行业中，着装很重要，它具有一定程度的自我表达功能，是面试官看重的素质。

和谐型非常善于模仿面试官，如果面试他们的是一个善于表达的人，又能主导谈话，那么这种方法会很有效，因为他们有很多东西可以参考。但是，如果对方很严肃，或不太表露自己的情绪，他们就会因没有任何线索而陷入迷茫。

有位和谐型客户和我说：“我曾遇到过一位面试官，她什么都不说。只是像机器人一样提问，没有任何肢体动作。她没有笑，也没有表情，什么都没有。这太让人难受了，我因没有任何可以参考的东西而全然不知所措，之前我一直是跟着对方的节奏来行动的。”

归根结底，**根据面试官的反应来调整自己的行为并不是最好的方法，因为在这个过程中，你会迷失方向。**

和谐型的变体

和其他面试风格一样，和谐型也有不同的变体。从图 11-1 可以看出，与和谐型最接近的是审视型与魅力型，和谐型与这两种面试风格具有一些共同的特质。

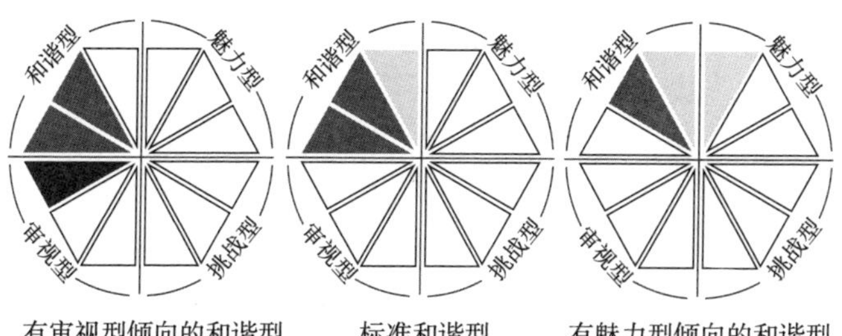

图 11-1　和谐型的种类

和谐型与审视型共同的特质

- 较为保守。
- 不会主动提供简历上没有的信息。
- 内向，不给人太多的机会了解他们的公众形象和工作、生活的细节。
- 慢热。
- 深思熟虑之后才开口说话。
- 性格安静。
- 回答问题简明扼要。
- 不喜欢引导谈话。
- 通过深入思考来解决问题。

和谐型与魅力型共同的特质

- 以人为中心。
- 关注外部。
- 包容、灵活。
- 充满魅力。
- 了解自己的个性应如何融入公司文化。
- 相信任何人都可以被说服，深信魅力总能发挥作用。
- 为人友善、讨人喜欢、平易近人、能给人留下好印象。
- 对尚不明确的情况泰然处之，能够随机应变。
- 善于推销自己。
- 善于满足社会期望，从而获得自信。
- 喜欢与人闲聊和交谈。
- 可以改变风格和回答以适应他人。
- 依靠软技能。
- 不喜欢只有技术问题的面试。
- 需要通过聊天来打破紧张气氛，减缓他们的紧张情绪。
- 需要和他人建立融洽的关系来使自己放松。

由于特质存在重叠的情况，所以在标准和谐型之外，还产生了两种变体：有审视型倾向的和谐型和有魅力型倾向的和谐型。让我们仔细看看这三种类型之间的区别。

有审视型倾向的和谐型

该类型的人较为内向，性格上兼具随和与坚定特质，比其他和谐型更愿意追求精确。他们会保持沉默，只有当话题引起了他们的兴趣时，才会参与其中。如果其他人在说话，他们往往只会静静旁观。他们不会把话题引到自己身上，也不会转移当下聊天的主题。他们的谈话往往会围绕他人展开，不谈论自己或分享个人细节。他们低调、安静、谦逊，从来不想主导面试。他们优先考虑的是如何融入群体，别人需要他们做什么，以及如何融入企业文化，而魅力型则专注于自己能给公司带来什么。

标准和谐型

标准和谐型性格内向、包容。对于内向型来说，面试并不是一个自然的环境，因为他们一般不会在见面几分钟内就向对方敞开心扉。他们注重隐私，将自己的情感和热情藏在心里，行事非常谨慎。在所有的面试风格中，该类型的人适应能力最强。他们更喜欢那种有对话感的非标准化面试，深思熟虑之后才会开口，所以他们需要时间来思考和回答。他们比其他类型的人更安静，通常会提出更有见地的问题，也更善于思考和倾听。标准和谐型关注外部，他们的行为会根据面试的对象而变化。他们优先考虑的是适应环境和融入对方，而不是改变现状，常以容易相处的特点给他人留下好的印象。

有魅力型倾向的和谐型

该类型的人较为内向，愿意适应他人，是最为开放的和谐型。在不需要他们外向的场合，他们更喜欢安静。他们有平衡面试氛围的倾向，如果面试官很外向，他们可能会表现得较为内向，反之亦然。该类型的人会让更具支配性的个性发挥主导作用，他们会保持克制，当话题引起了他们的兴趣时，会积极参与其中。如果其他人在说话，他们往往只会静静旁观。他们不会把话题引向自己，也不会在自己不感兴趣的情况下转移话题；必须有合适的环境，他们才会寻求关注。这一类型的魅力在于体贴入微。

Interviewology:
The New Science of Interviewing

面试的科学

- 和谐型求职者可以向自己的对立面——挑战型学习，他们对展现自己毫无顾虑，也很看重被倾听和被尊重的感觉。随和固然重要，但了解自己是谁、想要什么，并为之奋斗也同样重要。
- 根据面试官的反应来调整自己并不是最好的方法，因为在这个过程中，求职者会迷失方向。
- 和谐型求职者需要知道的是，面试是一个需要推销自己的地方，如果不向对方展示自己是谁，就无法达成这一目标。

Interviewology

第 12 章

如何应对和谐型求职者

The New Science of Interviewing

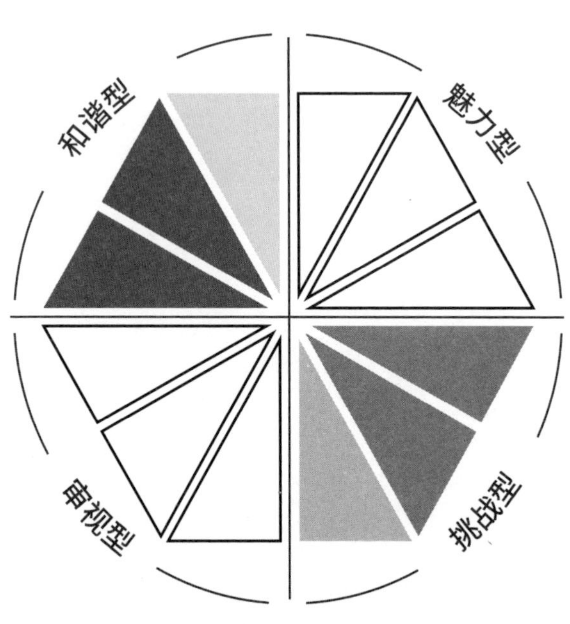

- 和谐型求职者无私又体贴，但在面试中，这可能会成为障碍。它会阻碍你追求自己的成功，让你不愿向大家说出自己做出过什么样的贡献。
- 和谐型求职者通过为他人着想来体现自己的价值，而不是展现自我。面试之前，除思考自己怎样成为一名合格的团队成员外，他们不会思考其他可以说明自己能力的因素。
- 和谐型求职者往往更关注自己能否融入团队，而不是确认团队是否适合自己。

我本不想在这本书的开头就讲述自己的故事，也不想让人知道我是一个 15 岁就被迫离家的女孩。我一直在努力追求成功，以便将这一切抛诸脑后。在很长一段时间里，我从未跟任何人讲过这些事，因为我不想让人知道我的过往。我想让他们知道我成了什么样的人，已不再是曾经的那个我。我害怕人们会可怜我、同情我、向我伸出援手，只因为他们觉得我需要帮助。

我害怕别人会对我品头论足。

面对宾夕法尼亚大学的面试官时，我想，这大概是我最后一次说出自己的故事，直到我受邀在 DisruptHR 上发表演讲。DisruptHR 是一个面向人力资源专业人士的 5 分钟演讲平台，鼓励演讲者直抒胸臆、打破常规。我想说的与这一导向并不完全吻合，所以我采取了一种更有说服力的方式，写了一篇关于招聘流程存在何种缺陷的演讲稿。

后来，我与一位在非营利性经济发展组织工作的女士进行了交流，该机构的目标是帮助大学生在费城找到工作，留在当地发展。我们的目标高度一致，在个人和专业方面也有很多共同之处。我们谈得很投机，聊了一个多小时。在聊天的过程中我们发现，双方的孩子年龄也相仿，而且有很多相似的生活经历。快聊完的时候，她邀请我参加一个小组，讨论家里第一代大学生面临的挑战。我说："我很想去，但那天我要去 DisruptHR 发表演讲，不过我对这个话题真的很感兴趣！虽然我不是家里的第一代大学生，但对这个话题很有共鸣，因为我 15 岁就离开了家，知道大学期间要工作、要付房租是什么滋味。"她说："真希望这就是你在 DisruptHR 上的演讲主题。"

我笑着说："不是，绝对不可能。我不会跟任何人讲这件事，真不敢相信，我刚刚竟然告诉了你。"她说："你可以考虑一下，这段经历非常鼓舞人心，令人赞叹。"我听得目瞪口呆，心想她肯定是在说客套话。我把这件事告诉了丈夫，他也鼓励我讲讲这段经历，但我仍然觉得这不是什么好主意。

然后，我睡了一觉，醒来时我在想，他们是不是发现了什么。回想起说出这件事的过程，敞开心扉的感觉让我很自豪。也许，我的职业素养已经积累到一定程度，让我可以聊聊这件事了；也许，我现在已经足够勇敢，可以袒露自己的脆弱了。我坐在电脑前，写了一篇新的演讲稿。写完后，我虽然担心人们听完后的反应，但还是很喜欢这篇稿子。

我和朋友练习时，差点哭出来，但每一次，他们都会鼓励我。我在上班的路上、洗澡时、睡觉前都在练习。但凡有 5 分钟的空闲时间，我都在努力背诵。多轮练习之后，我越来越自然。演讲的当天，我把内容毫无保留地讲了出来。

那天晚上，我是 11 位演讲者中的第 9 位。得到这个机会让我很兴奋，但我心里也有一个挥之不去的疑问，那就是我是否做出了正确的职业决定。我的客户会怎么想？我的老板会怎么想？他们都坐在观众席上，房间里有 250 多人，其中 50 多人我都认识。我当初在瞎想什么呢？

我还是走上舞台，首次公开讲述了我的故事。在那么多人面前，在聚灯光下，我让大家看到了真实的自己，以及我所有的经历。

结束之后，很多人走到我身边，祝贺我献上了一场精彩的演讲，他们和我握手，并向我介绍了自己。有一位女士在人群后面耐心地等着，直到人群散去，她才走过来，抓住我的双肩说："谢谢你讲的故事。"我对此毫无准备，老实说，我自己都没想好要不要讲，更不敢想象会有人感谢我了。我大吃一惊，说道："你在感谢我吗？我应该感谢你才是，谢谢你愿意来。"她发现我没有觉得她的赞美是真心的，所以摇了摇我的肩膀，继续握着说："你在舞台上所讲述的一切，也让我有勇气说出自己的故事了。谢谢你！"我无言以对，从没有想过会这样。我总想着自己可能会遇到的尴尬和羞愧，却从未想过，分享自己遭受过的苦难也可以鼓励别人。我一直以为，我的故事只和自己有关，没想到讲述之后，他人会产生共鸣继而想到自己的故事。

走到这一步，我花了 25 年。我用将近 10 年的时间教人们如何面试，正是这 10 年经历让我彻底想明白自己选择这条职业道路的真正原因。我是喜欢面试，但我真正想做的是让人们说出自己的故事。

我知道拥有故事的力量，可多年来，我一直希望这些经历没有发生过，我希望自己可以用成功来弥补惨痛的过往。我心想，如果我继续好好生活，以后有了自己的家庭，成为孩子的好妈妈，那么这些阴影就会神奇地消失。但事实并非如此，真正有效的方法是直面过去，这让我意识到我做出了正确选择，赢得了成功，受到了鼓舞和激励，成了一个好母亲，而这一切都源于我一直想假装从未发生过的经历。我恍然大悟，原来，所有经历都是我的力量源泉。

我希望大家能明白这一点，尤其是和谐型。我们的经历并不是孤立的，向世界展现的那部分，并不是全部的自我。不管是在面试中，还是在朋友、配偶，甚至是老板面前，我们所展示的都只是自己的某一面。无论你今天成了什么样的人，这都是你过往经历的集合。否认过去，也就否认了它给予你的财富。这不就是生活的真谛吗？一点点成长、一步步进化到最优秀的自己，如果觉得过去的事情与自己无关，那我们就无法做到这一点。

这是我的故事，你的呢？

和谐型渴望融入群体

想要超越自己，成为宏大事物的一部分，这是一种崇高的追求，也是一种优良品质。同样，一个人想要融入某种文化或团队，也是值得钦佩的。和谐型是优秀的团队成员、可靠的同事，以及出色的合作伙伴。他们专注于集体利益和远大图景，在乎自己的所做所为对他人的影响。他们无私又体贴，但在面试中，这可能会成为障碍。它会阻碍你追求自己的成功，让你不愿向大家说出自己做出过什么样的贡献。

如果你总是把自己看作车轮上的某个零件，或是系统的某个部分，你就很容易忘记，也不会花时间去思考，到底是什么造就了独一无二的你。在面试中，我们需要强调自己的特殊性、独特性和价值。作为求职者，我们必须回答这个问题："我为什么要选择你？"如果你是招聘经理，就要回答求职者的问题："我为什么要选择你们公司？"这个问题和许多面试问题一样，如果你从来没有深入思考过，也没有亲口回答过，那就不太可能给出令人信服的答案。

这就是问题所在：和谐型是无私的，所以他们没有意识到面试的题中之义就是展示自己。他们偏偏认为，这是加入团队之前的试演，所以他们的回答往往集中在如何给公司带来效益上。

他们通过为他人着想来体现自己的价值，而不是展现自我。面试之前，除思考自己怎样成为一名合格的团队成员外，他们不会思考其他可以说明自己能力的因素。很多和谐型在回答各种面试问题时，都会说“无论你需要什么，我都可以完成”或“我愿意尽我所能做出贡献”。他们想依靠表明自己乐于助人来推销自己，但没有说清楚如何帮助他人，也没有明确说明自己喜欢的工作方式，而这恰恰是最重要的。因为他们把合群放在首位，所以他们很少斩钉截铁地说：“我更喜欢客服的岗位。”相反，他们会把招聘经理、部门或公司的需求放在最优先的位置。

对一个需要忠诚员工的组织来说，这种风格非常合适。不过，大多数面试官想看的是你的能力，而不是你怎样融入团队。他们可能会把你的风格理解为不自信或缺乏内涵，而你也会怀疑自己。在《20 岁，光阴不再来》（*The Defining Decade*）这本书中，梅格·杰伊（Meg Jay）是这样解释“自信”的：“自信不是由内而外的，而是自外而内的。当人们确信自己在外部世界有所成就时，内心就不会那么焦虑，会更有信心。”**展现自己的技能不仅是一种表达自信的方式，也是信心的由来。**坦然承认并展示自己的成就，有助于证明自己的价值。

就像团队的选拔赛一样，和谐型往往更关注自己能否融入团队，而不是确认团队是否适合自己。他们寻求团队中每个人的认可，希望自己被公司接纳。他们通过倾听来体现自己的价值，如果可以解读或参考面试官的行为举止，他们会表现得更好。他们认为，在面试中应采用这种策略，自己只要静观其变，就能知道或收集到很多信息。但正如我们所知，大量研究表明，我们其实并不善于评估他人的想法、感受，尤其是动机。由于和谐型一心只想被团队选中，他们进入错误团队的风险也最高。面试时太过注重合群，最终被一个根本不适合他们的职位或公司选中的风险也最高。

归根结底，我们都希望能找到一份合适的稳定工作，或招到一名长期员工。我们希望有一个能让我们学习、成长，并且欣赏我们的地方。如果你伪装自己，就永远不会有人欣赏你。在努力弄清楚自己是谁之前，你所渴望的合群是遥不可及的。

和谐型重视他人而非自己，这往往会导致自我的弱化。他们为别人牺牲了太多，却没有回报。过度关注他人、勉强做着不合适的工作、浪费自己的才能、与欺骗及利用我们的人继续保持联系，这些对我们都丝毫无益。

过度温顺和放弃自我并不是善良，你可以适当地自私一些。要完成任何实质性的工作，都需要一定程度的自私和自我。和谐型要鼓起勇气，优先考虑自己，更直率地表达自己的梦想、愿望和兴趣。这不是在为难你，而是为了让你能够保存精力和资源，以最高效的方式为世界服务。空杯无水不可饮，如果你不先照顾好自己，于他人也无益。缺乏自我会把人很快就变成苦大仇深、效率低下的团队成员，而这恰恰与想要融入群体的首要目标背道而驰。

你要先健全自己的心理，可以去旅行，把时间花在自己身上，总把别人放在第一位并非明智之举。

和谐型其实知道直言不讳的好处，但具有讽刺意味的是，他们总是会为别人说话。不愿为自己发声，抗拒使用自己的权力，不想表明自己的立场，通常都是因为害怕——害怕一旦说出来就会出事。请大胆地说出自己的意见，讲述自己的故事，你不需要为了迎合别人的需求而掩饰自己的想法。

面试时一定要记住，你是有自主权的，面试是一条双行道。你的想法是宝贵的，应该大胆发表自己的意见。和谐型采取的种种行为，并不一定会对他人产生预期的影响。他们想让别人觉得自己随和、低调，但长此以往，效果却适得其反。随着人们对他们的了解越来越深，人们只会不断地失望，觉得他们表里不一。在人际关系建立的开始阶段，诚实和坦陈自己的弱点是非常重要的，面试时的情况也是如此。你可能会不计一切代价得到某份工作，但最终你会意识到，它并不适合你。

管理自己对融入群体的需求

求职者需要知道的是，并不是每个团队、每家公司都适合你，当一个组织和你的价值观相符且尊重你时，融入其中才是快乐的。但想找到那个地方，你必须先了解自己。

和谐型过于想要融入群体，这使他们很少考虑某个职位或公司是否真正适合自己，挑战型和审视型则恰恰相反，他们在被录用之前会花时间弄清楚这件事。他们把面试看作一种考察机会，想看看这份工作是否适合自己。魅力型与和谐型则会在得到工作之后，才开始思考这个问题。他们首先想要得到认可，在确定公司或个人对他们有所需要后，才会考虑对方是否适合自己。

作为和谐型，你可以融入任何地方，但积累了足够的生活经验后，你很快就会意识到自己需要谨慎一些——不仅仅是要合群，还要找到适合自己的地方！在开始面试之前，你需要花点时间思考一下自己想要的究竟是什么。作为求职者，请想一想你希望为哪类公司工作，以及希望担任什么职位。如果你是招聘经理，就写下你对求职者的要求。在面试结束后，找个信任的人一起商量一下，看看该工作岗位或求职者是否符合你原本的期望。

我曾和一位 CEO 合作了 3 年多，我的工作是为他的信贷业务团队招聘人才。他是一位天生的领袖，能看到每个人身上的闪光点。员工都很尊重他，愿意为他赴汤蹈火。但能力越强，责任越大。招到愿意为他工作的人没有问题，但是他并不确定这些人是否合适。因为当你慷慨大方、体贴入微，能看到每个人的优点时，你就会觉得自己可以与任何人合作。但创立企业意味着创造一种文化，这种文化未必任何人都能理解和遵循。所以，公司需要特定的员工来完成工作，你所在的行业，如金融业，可能需要一定的道德标准。如果你不能确保招到的人都满足这些标准，那么就会有一些人与公司的企业文化不匹配，在为客户服务上就有可能大打折扣。

和谐型在面试中表现优异，是因为他们认识到自己天生不擅长挑肥拣瘦。他们知道，自己不是那种喜欢品头论足和挑剔的人，所以他们需要设立自己的界限和要求。我的客户决定通过为公司树立自己的使命和价值观来做到这一点。现在，他每次面试后，都会问自己，求职者是否诚实、有道德、有能力、有担当。虽然他仍然和每个人都相处得很好，但现在的他有了非常明晰的招聘要求。和谐型之所以面试顺利，是因为他们只展现了自己的一部分，而这种限制对他们来说并不自然。他们知道自己的优势所在，所以会更加克制，锻炼自己察言观色的能力，从而得到他们想要的结果。

承认求职者、招聘经理或企业文化并不完美也是有帮助的，这样，你就不会把对方理想化。他们也有自己的问题，和你我一样绝非十全十美。当你带着这种心态找工作时，就不会把自己扭曲成看似完美的样子了。

和谐型求职者的面试表现分析

和谐型热情又随和，和他们在一起，让人感觉很放松。他们会认真聆听，然后补充你的发言，以此来了解你。与其他面试风格的人不同，他们不会强调自我，和谐型总是会把交谈的对象放在中心位置。像这样事事关注你的人，真的很难不喜欢他。

他们也能意识到自己的感受和想法可能会发生变化。他们会做出让步，愿意接受别人的观点、给予别人以信任，从不吝惜自己的善意。与他们完全相反的挑战型更倾向于黑白分明，而和谐型则能在灰色地带游刃有余。他们深知，并非每件事都只分好坏，自己也不可能一直都不出差错。他们很复杂，所以认为其他人也是如此。他们很容易看出其中的细微差别，并采取一种平衡的方法来应对。

一个善于面试的和谐型会很好地把控自己对融入群体和满足自我需求之间的平衡。他们不会放弃自己的身份，也知道自己的极限和边界，而这往往来自过去忽视自己直觉的教训。和谐型天生善于讨人喜欢，因为他们会淡化自己性格中可能让人反感的部分。要在面试中崭露头角，他们会展现真实的自己，而不是设想中别人想看到的自己。一个坦诚的和谐型求职者，深知伪装成虚假的样子是对自己的不尊重。

和谐型求职者如果在面试中表现不佳，通常是因为过于依赖自己的适应能力，把自己伪装成他们想象中对方期待的样子。在这个伪装的过程中，他们迷失了自我。因为在面试过程中，你永远不可能真正了解对方的需求。如果你只凭自己的猜测贸然行事，就会给自己带来麻烦，反而给人留下无所适从、优柔寡断、自相矛盾的印象。

之所以这样做，是因为他们担心如果展现了真实的自己，就会遭到拒绝。这种恐惧压得他们喘不过气来，于是，他们弱化了自我，把自己变成了透明人。这种做法适得其反，因为我们需要通过对比来展现自己的独特。他们的恐惧导致了自我的虚化，因此，人们很难看到他们的特点。面试官在面试结束后可能会想：他们是谁？他们有什么观点？招了他们公司能得到什么？求职者在面试之后，可能仍不清楚岗位要求是什么。

之所以面试表现不佳，还因为和谐型求职者会顺从对方，且会贬低自己、自己的经历和身份，因为他们认为了解对方更重要。

这样做，对他人也是一种伤害，因为你没有坦诚地展现自己，也没有诚实地说出自己的需求。旁人也需要了解你的需求，这是他们给予你机会的前提。如果你闭口不言，他们也毫无办法。人们比你想象的要坚强，他们能接受事实。他们对你的评价绝不会像你的自我评价那般苛刻，如果不是这样，你大可以放心离开——这份工作不适合你。坦诚相待，说出自己的真实想法，即便因此不被他人喜欢，也是值得的。当你认为可能会发生最坏的情况时，你可以借机练习自己内心的韧性：即使没有得到这次机会，你还是会找到一份不同的，甚至更好的工作。

如何面试和谐型求职者

客套的意义已今非昔比，如今，在很多情况下，客套都开始让位于直白，因为它让人觉得有些虚伪、不真诚。就像魅力型会被视为“社交变色龙”一样，和谐型会让人觉得“太过友好”，这反而是一种缺点。

他们有一套深思熟虑后的应对策略，可以用来保护自己。他们耗费了巨大的精力，让别人免受自己的伤害。他们认为，自己的身份和想法可能不为大多数人所接受，因此需要隐藏起来。

和谐型会想，其他人的处境可能与自己的截然不同，因此，他们会保留自己的观点或想法，以免让人心生厌烦。他们永远不知道对方的真实感受，所以在弄清楚之前，他们不会暴露真实的自己。他们的面试策略基于这样一种认识，即人与人之间可能存在巨大差异，自己认可的观点不一定是对方的观点。挑战型认为，大多数人都像他们一样有坚定的信念；和谐型恰恰相反，他们觉得自己如果说了什么不该说的，就会让对方陷入自我怀疑或自我批评。所以，他们总是小心翼翼，不说任何可能让对方不舒服的话，因为他们自己也不想被逼着做不开心的事，比如被迫发表自己的意见，他们也不想把自己置于险地。

因为和谐型十分在意他人的看法，所以在面试中回答关于自己的问题，对他们而言是十分勇敢的行为。在信息匮乏的情况下，他们很难坚定地说出自己的观点。一般情况下，在做出这种冒险行为之前，他们会先收集足够的佐证信息。在亲密的朋友和家人面前，他们可以放松地展现真实的自己。但在会议室里面对陌生人时，这样做对他们来说是粗鲁且傲慢的。

为了帮助和谐型求职者克服这一障碍，让他们敢于敞开心扉，面试官须在面试中营造一个令人安心的环境。这一点很关键，因为如果面试官一上来就对他质疑，只会让他们噤若寒蝉，这样也就无法准确或全面地了解他们的为人和能力了。面试官要尽量让他们放松下来，鼓励他们谈论自己，讲述自己的成功案例。同时要告诉他们，你邀请他们来面试，是因为你相信他们有能力胜任这份工作。这会给予他们信心，让他们表露真实的自己。你可以这样说："请谈谈你的从业经历。""我们想听听你的意见。""你对此感觉如何？"**鼓励他们用第一人称说话，用"我"而不是"我们"，这可以鼓励他们更详细地介绍自己和展现自己拥有的相关专业能力。**

和谐型永远不会主导谈话的节奏，所以当你面试他们时，一定要控制自己说话的时间。**这条建议对所有的招聘**

者都有效，即你的话要比求职者的少，特别是在面试和谐型求职者时，这一点尤为重要。问一些有深度的问题，然后把说话的空间留给他们，让他们分享自己的情况，说明自己为什么能胜任这份工作。这样你会得到更多的信息，在面试结束时对他们也会有更深入的了解。

如何应对和谐型招聘者

挑战型招聘者把面试当成一场激烈的盘问，而和谐型招聘者恰恰相反，他们会把面试看作选拔团队成员的机会。他们坚信，每个人都有价值，作为招聘者的职责就是发现价值。他们不会像挑战型那样，抱着怀疑的态度对待面试，想看看这个人是否真的言行如一。和谐型想了解你，给你一个机会。一个不断进步、实践经验丰富的和谐型招聘者深知，并不是每个人都具备公司所需的技能，但这种认知往往来自多年来给那些不具备技能的人提供的机会。因为归根结底，他们从来不想成为那个拒绝他人，或判定某个求职者不合适的人。他们相信，总有一些东西是有价值的。因此，这些信念和特质使他们成为令人信服的领导者，但他们并不是最有眼光的面试官。

和谐型招聘者话不多，更多的是倾听。求职者可能会觉得自己更像是在接受心理治疗，而不是在面试。“告诉我你为什么这么做”这句话的能量，远远不如“为什么会这样”有力。和谐型招聘者尽管手握权力，却对这种权力总是感觉不太自在。他们希望求职者能放松下来，以自己的方式和节奏回答问题。

对挑战型和审视型求职者来说，这可能不够严谨，似乎不是一场正规的面试。这很讽刺，因为面试的重点应该放在求职者而不是招聘经理身上，有人愿意听你说话反而是件好事。

和谐型招聘者往往会觉得自己态度友善、善解人意、作风开明，但求职者可能会觉得他们优柔寡断，因此不确定自己是否要为一个踌躇不决的人工作。

作为求职者，请暂时放下你的假设和怀疑，放弃你认为合理的面试方式。对和谐型招聘者来说，只有当他们认为求职者符合要求时才会邀请他们来面试，你并不需要在面试中证明这一点。你只需要在面试中让他们对你有更深入的了解。他们的面试方式与你不同，并不意味着他们不知道如何开展工作，或不适合与你共事。你要试着了解他们的这种做法背后的原因，并尊重他们的做法。

如何应对与和谐型完全相反的挑战型

挑战型以任务为中心，善于表达，他们的面试风格非常坚定，不会随着情况的变化而改变。和谐型则依靠自己的沟通能力来读懂对方，并做出相应的调整。和谐型几乎总是顺从对方，由其主导谈话。但在这种情况下，他们可能会觉得自己别无选择，只能跟随对方的脚步。挑战型会关注求职者的工作成果和应聘原因，他们希望通过求职者的回答来深入了解细节，这对求职者来说可能会很困难。因为挑战型招聘者往往没兴趣了解求职者，这会让和谐型求职者觉得自己说了很多技能方面的问题，却没人关心自己在意的东西，比如沟通、团队的需要以及企业文化。挑战型都是公事公办的作风，对此，和谐型不要往心里去。和谐型对工作的用心和专注，令人印象深刻。他们会用心倾听他人，给予别人尊重，而这正是挑战型所重视的。以这种方式推动对话，才显得更自然。

和谐型如何从其他面试风格中取长补短

如果和谐型能从其他面试风格中汲取一些特质来平衡自己的自然倾向，那么他们就能取得更大的成功。

- 向魅力型学习，如何掌握自己的节奏，而不让人觉得突兀。
- 像挑战型那样，不去过度在意对方，而是关注自己的需求，这样，在面试中会更加自如。
- 学习审视型身上的坚定，追求自己的目标，满足自身的需要。

给和谐型的建议	**如何控制想要合群的需求**
书写自己的故事 会有所回报	“我可以独立自主。” “我为自己代言。”

Interviewology:
The New Science of Interviewing

面试的科学

- 和谐型求职者要大胆地说出自己的意见，讲述自己的故事，不需要为了迎合别人的需求而掩饰自己的想法。
- 和谐型求职者需要知道，优先考虑他人固然令人钦佩，但面试不是为了他人，而是为了自己。不需要通过团队来体现你的价值，你本身就有价值。

- 不管面对谁，和谐型求职者都要勇敢地做自己。太过在意他人，会让你忧心忡忡，一直思考怎么表现才能合群。
- 和谐型招聘者容易被求职者的潜力吸引，但请抑制这种冲动。招人不是为了潜力，而是寻找那些已经拥有丰富经验或可转移的技能、证明自己能够胜任这份工作的人。

在四种面试风格中各取所长，成为更好的自己

回想起改变我人生的第一次面试——大学入学面试，我现在明白自己为什么会被录取了。其实不是因为我讲的故事，也不是因为我用魅力征服了他们，更不是因为我的 SAT 考试分数。我并不是什么面试高手，也不是什么靠口才进入常春藤盟校的天才。

我的秘诀是：尽管我当时倍感羞耻和恐惧，但我还是保持了真实的自我，仅此而已。当时，我觉得自己唯一的选择就是必须做自己，向他们解释我所经历的一切，告诉他们为什么应该录取我。我没有足够的生活经验去纠结，这到底是不是一个好主意。那是我最后一次在面试中如此不加掩饰地表现自己。随着时间的推移，回想起那次面试，我觉得它是我人生中的一个里程碑。

尽管经过多年的研究，现在的我对面试方法有了更多的了解，但其实我从一开始就已经掌握了答案。**提高面试成绩的关键，既不是完美的答案、完美的简历，也不是完美的西装，而是你自己。你才是关键所在！**

我们都想做自己，然而，生活、工作和人际关系的压力，让我们只能另寻他途。我们陷入了自己的思维，听信了错误的人，吸取了“有毒”的讯息，于是，自我怀疑悄然而至。我们将自己与竞争对手进行比较，无论是想象中的，还是现实中的。我们怀疑自己，不明白为什么有人会接纳我们，雇用我们，或者提拔我们。我们沉浸在自己的假想中，以致产生了一种无法克服的焦虑。作为一种应对机制，我们会假装面试并没有那么重要，或是自怨自艾，说自己做不到，就是不擅长面试。

之所以这样想，是因为我们不确定自己在面试中应该表现出什么样子。而且，面试没有唯一的方法，没有标准答案。因此，我们免不了怀疑自己，怀疑自己能否在这种模糊不清的情况下更好地推销自己。

在发现四种面试风格的过程中，我了解到，每个人都有自己的故事和成长背景。有些故事充满了悲伤的色彩，有些故事则比较平淡，还有些极其精彩。定义我们的不是故事，而是我们对它的态度。如何利用经历带来的教训，成为理想中的自己，这一点很重要。我们都有一些必须学会接受的东西，但每个人的程度都不一样，机会也不一样。虽然无法抹去童年的创伤，但我可以从绝望中吸取教训。因此我们必须问问自己：是什么造就了如今的我？

在帮助了成千上万的客户之后，我掌握了成功的秘诀，尤其是有关面试的。当人们知道自己的目标时，就会到达自己想去的地方。就是这样！**知道自己想要什么、想去哪里，是减少模糊性的最佳途径。只有这样，才能如愿以偿。**

多年以前，我就知道自己想要什么。我想进入一所好学校，改变我的人生。我之所以能做到这一点，是因为我一心一意、干劲十足，并对自己充满信心。这种认知不是凭空产生的，而是来自对自己的喜好、目标和抱负等方面的了解。这当然不是朋友、社交媒体或父母能告诉你的，认识自我是自己的责任。一切向外求、依靠别人来了解自身、觉得自己不够好，这些想法只会削弱你的声音、弱化你的故事、侵蚀你的力量。

在我们的社会中，到处充斥着这样的信息：你做得不够好，因此你要改变自己的行事方式或多给自己加压。消费主义和攀比是巨大的陷阱，总让你觉得自己还不行，必须拥有什么，或一定要去什么地方才能找到幸福。**我想告诉你的是，你本来的样子就已经很好了。你需要做的只是了解自身的力量，以及如何使用它。**

我希望了解自己的面试风格可以对你有所帮助。读到的这些故事，能让你也满怀自信地讲出自己的故事。

我希望你现在能够知道，如何做与做什么同样重要。希望你们能从迈克那里学到，知道自己想要什么有多重要；能从茱莉亚那里学到，多加练习和精心准备是成功的一半；能从史蒂夫那里学到，要深入挖掘自己可能被埋没的才能；能从安妮塔那里学到，不要被你认为“应该”追求的东西所迷惑，而是关注自己真正的需求。

我希望通过对自己和他人面试风格的了解，能让你知道，自己有哪些想法是不对的，是不是忽视了那些持不同意见的声音。我们要了解自己的面试风格，把它作为一面镜子，照出自己可以改进的地方，而对其他面试风格的了解则会告诉你如何改进。

这也是我对每一个阅读本书、了解自己面试风格的人寄予的厚望：希望它能促使你进行反思。你在哪些方面想走捷径，或被偏见蒙蔽？你从何时产生了“我的方法就是唯一正确的”这种想法？也许你是挑战型，认为如果有人在面试中沉默寡言，那一定是对你不感兴趣；也许你是审视型，认为分享自己的故事就是在吹牛，觉得这样做的人有些自以为是；也许你是和谐型，对你来说融入公司是首要任务，那些以自我为中心的人可能会让你心生反感；也许你是魅力型，根本“搞不懂”那些不愿意与你沟通的人。

如果魅力型从别处学会了坚定不移的自信呢？如果挑战型能像和谐型那样，学会了不再固执己见、愿意融入群体呢？如果审视型能和魅力型一样，敞开心扉，享受面试过程呢？如果我们都能在四种面试风格中各取所长，柔化自己的棱角，平衡自身的面试风格，那会怎样呢？

迈克、茱莉亚、史蒂夫和安妮塔让我发现了更好的自己，我知道了自己的优势和局限所在。如今的我会有意识地去思考，与我完全不同的人会怎么想问题。它帮助我发现了在让自己拥有同理心的同时还能保持自我的方法。最重要的是，我也愿意给予他人以关心和同情了。这种情感来自对他们本身的深刻理解，而不是我希望他们成为什么样的人。

附录一

面试风格解读

请阅读这些真实的面试片段，你能辨别出面试官和求职者分别属于哪种面试风格吗？

场景一

蒂隆是一家大型非营利性组织的面试官，正在为一个 IT 岗位的招聘进行电话面试。

蒂隆：“你好，现在方便说话吗？”

求职者：“当然可以，我一直在等您的电话，想多了解一下工作要求。”

蒂隆：“好的。”

尴尬的沉默。

蒂隆：“你为什么想辞掉现在的工作？为什么想跳槽来这里？”

求职者：“嗯，您在我的简历上可以看到，我已经在现在的公司工作了 11 年，我想换个环境，迎接新的挑战。我在看到这份工作之后，去贵公司网站上看了一下职位描述，上面说，你们需要招聘一名员工来运营新的网络安全软件。我对网络安全方面很有热情，也很擅长项目管理。我最近参与了一个项目，带头开发了一款新的会计软件，并在全公司范围内部署使用。项目非常成功，其工作内容是要让每个人都参与进来，在确保没有任何错误或者问题的同时，还要进行各种更新，这中间涉及方方面面的工作。我认为，自己是天生的领导者，我想我的同事也会同意我的观点。当我告诉同事必须通宵工作来部署新软件时，他们脸上的表情很精彩，不过还好——我给大家点了比萨。”

蒂隆：“嗯，我们这儿晚上不加班，这是一个朝九晚五的传统职位。”

求职者：“啊，好的，没问题，我一定会加倍努力的，这就是我的做事方式。比如，我每天都会给孩子们准备午餐，每次他们的训练，我也一定都在。我还是他们球队的教练，去年，我儿子所在的少年棒球联盟队，还打进了季后赛。你经常运动吗？”

蒂隆：“大学的时候有一些运动……但那已经是……”

求职者：“我也是，大学的时候我玩垒球和橄榄球。不过现在来看，橄榄球太危险了，我也不确定要不要让孩子去玩。你有孩子吗？”

蒂隆：“没有，我没结婚。咱们还是回到主题吧……”

答案

蒂隆属于审视型，他不会闲聊，而是会采取固定的面试流程。比如，确认自己准备好之后，就直接切入面试问题，就像一头扎进水里，没有任何缓冲。

求职者属于魅力型，当面试没有任何聊天就直奔主题时，他有点措手不及。他以恭维的口吻，用故事讲述自己的经历，并试图与人建立联系。然而，作为审视型的蒂隆并不吃这一套。他保持非常专业的态度，不会给求职者任何暗示，也不会显露任何情绪。

在这种情况下，求职者可能会感到困惑，他以私人问题来了解对方的策略没有奏效，他没有得到任何有效信息。他很可能会认为自己做得还不错，招聘经理只是比较忙，无暇回答。

蒂隆很不喜欢这种互动方式，他希望求职者的回答简明扼要、切中要害，只谈自身的经验是如何让他胜任这份工作的，以及他的技能与职位描述的匹配程度。面试结束时，他会觉得自己并不介意和今天的求职者一起共事，但他不太确定这个人能否胜任工作，所以他会转而选择那些很清晰地展示了自己工作能力的求职者。

场景二

黛布是一位人力资源总监，正在为部门的人力资源专员职位进行第二轮面试。

黛布：“非常感谢你今天能来，我来介绍一下这个职位、公司和团队的情况。我领导这个部门已经 11 年了。之前，我在 UPS 工作，在那里待了 8 年。那边的工作压力还是挺大的，还有许多规章制度，工会也有一些要求。如果发生罢工，我们必须马上赶到配送设施面前，一起完成各项工作。我在那里学到了很多，这里的情况则完全不同。从运输、装运到保险，对我来说，这是一个很大的工作内容的变化。我的主要职责是管理福利、员工关系和招聘工作，所以我们需要招一名专员来帮助我们处理福利、员工关系和薪资问题。我看过你的简历，目前，你在康卡斯特公司担任综合专员，我对这家公司还是很熟悉的，你们公司现在用的是什么人力资源软件？”

求职者：“我们用 xyz 软件。”

黛布：“哦，那挺好的，我们也在用这个。你能告诉我如何更换员工以及如何管理工资系统吗？”

求职者：“好的。我们首先要创建一个新的标签，填好信息，然后保存……”

黛布（没等求职者说完）**：**“对，没错。工资单呢？”

求职者：“嗯，我不太确定你问的是流程的哪个部分？”

黛布：“我们用的是 Paycheck，它由三个部分组成，处理之后就可以在 Excel 表格中显示。你熟悉 Excel 吗？知道数据透视表吗？”

求职者：“抱歉，这个我不太了解。”

答案

黛布是挑战型，她会说很多话，会告诉求职者很多关于她自己的事情，然后不断地提问。在没有任何聊天，也没有与他人建立联系的情况下，求职者会觉得自己像是在接受审问。

求职者属于和谐型，认真倾听对方，从不试图打断或插话，也不提出自己的想法、意见或问题。她觉得既然这个人位高权重，她就应该安分守己。她可能会想：如果面试官一直往下说，我就听着。

黛布觉得自己是负责人，所以必须主导谈话，但这导致她打断了求职者的回答。对此，求职者可能会认为自己做得不够好，于是进一步封闭了自己。这种互动是封闭式的，对羞怯的和谐型来说，挑战型显得过于强势了。

附录二

面试的科学法则

普遍规律

- 你无法选择自己的面试风格，就像无法选择自己的个性一样。
- 我们都有一种倾向，认为每个人的面试方式都和我们一样，自己的风格就是最好的。
- 每种风格都有不同的变化和学习过程，当你处于最佳状态时，就能平衡自己的特质，并根据面对的人改变自己的方法。
- 我们喜欢面试和自己相似的人。
- 可以从与自己相反风格的人身上寻找可借鉴的特质，用于平衡自身。

误　区

- 面试的方法有正确和错误之分。
- 说别人想听的话，你就可以得到这份工作。
- 面试不是能准备的，到了面试现场自然就知道该怎么做了。因为用心准备，反而听起来像照本宣科。
- 如果你之前在面试中表现不佳，那说明你不擅长面试。

求职者的面试原则

- 精心制作简历、总结工作经验、练习回答面试问题，这些都有助于你建立自我意识和树立信心，从而在面试中表现优异。
- 使用 STAR 面试法回答常见的行为问题。
    - 情境 (S)：描述你所处的情境或需要完成的任务，从工作、学习或志愿服务经历中举出一个真实且具体的例子。
    - 任务 (T)：明确在特定情境下要实现的目标。
      行动 (A)：面试官想知道你采取的具体行动。
    - 多使用“我”这个词，以及有力的行动词汇来回答。

    - 结果（R）：说明采取行动后获得的结果，以及你如何为该结果负责。这是你大显身手的时候了！借用故事突出自己的作用——你是如何留住难缠的客户，或是提前完成了项目，又或是为公司节省了4万美元的巨额成本。大多数时间你要吊着面试官的胃口，在适当的时候说出结果。不要害羞！面试就是展现自己成果的绝佳地点！
- 如果你总是滔滔不绝或沉默寡言，以上方法可以帮助你走上正轨。
- 对于面试官来说，使用 STAR 面试法就是通过行为问题来询问具体的情况。例如："请描述一下你在什么情况下能够成功说服别人按照你的方式行事。""通过真实案例，一步一步地说明你在项目中如何筹划、如何处理各类问题。"
- 招聘者和人事没有接受过在面试中给你反馈的培训，如果你需要反馈，最好聘请一位能给予你改进意见的职业教练。
- 积极倾听是向面试官展示你全身心投入的关键，他们说话时，要和他们有眼神交流，可以时不时点点头，并不时发出赞同的声音。
- 向合适的人问出恰当的问题，向招聘者咨询有关企业文化和面试步骤的问题，至于工作本身和工作方向的问题，留给招聘者来解答。

- 把自己练习回答面试问题的视频录下来，从另一个角度看自己，有助于发现自己在哪些方面还有改进的余地。
- 你并非不擅长面试，只是准备不足。
- 把时间花在关注竞争对手身上是没有用的，这样做并不能证明你对他们的假设是正确的。与其浪费宝贵的时间去在意别人，不如专注于建立自我意识。最好的办法不是关注你的竞争对手，而是了解你自己，培养清晰表达自己的能力。
- 花点时间思考，再开口回答问题，这会给人留下更好的印象，给人一种深思熟虑的感觉，而不是匆匆忙忙、语速飞快。
- 所有的工作都是有价值的，当你能不带偏见地回顾自己的经历时，就会更加自信。更新简历是一个很好的练习，可以让你对自己过去的工作持有欣赏的态度。如果你能客观地反思自己的经历，就能反思自己所做的一切，并开始与目标建立联系。
- 面试不仅仅是为了得到一份工作，它还可以帮助你了解自己的职业目标。面试中除了注意自己喜欢的东西，也要注意不喜欢的东西——职位的某些要求、招聘者的素质，或者与企业文化有关的细节。这些都有助于你做出明智的决定，帮助你最终找到适合自己的工作。

- 如果不向别人展示你是谁，就无法推销自己——你是故事中最重要的部分。
- 并不是每个团队、每家公司都适合你。当一个地方和你的价值观相符且尊重你时，融入其中才是快乐的。想找到那个地方，必须先了解自己。

招聘者的面试原则

- 我们的第一印象往往是错误的，一个人在面试中的表现与实际工作能力并不一定相关。
- 如果招聘者在把关的时候就带着偏见去挑选求职者，那么他们所创建的组织也会出现偏差，这些招来的人就只是招聘者自身偏见的体现。
- 结构化面试，即向每位求职者提出相同的问题，可以降低偏见对面试过程的影响。
- 通常我们以社交方式进行的面试，更接近于谈话。行为面试可以减少模棱两可的情况，而且效率更高，偏见也更少。
- 招聘者在面试中说话的时间应该远远少于求职者。招聘者应该只专注于提问，然后给求职者充分的空间来回答问题、分享自己的情况，说明自己为什么能胜任这份工作。

Bonnefon, Jean-Francois, Aidan Feeney, Wim De Neys. "The Risk of Polite Misunderstandings." *Current Directions in Psychological Science* 20 (2011): 321–324.

Bye, Hege, J. Horverak, Gro Sandal, David Sam, and Fons Van de Vijver. "Cultural fit and ethnic background in the job interview." *International Journal of Cross Cultural Management* 14 (2013): 7–26.

Carden, J., R. J. Jones, and J. Passmore. "Defining Self-Awareness in the Context of Adult Development: A Systematic Literature Review." *Journal of Management Education* 46, no.1 (2022): 140–177.

Cohen, D., and J. P. Schmidt. "Ambiversion: Characteristics of Midrange Responders on the Introversion-Extraversion Continuum." *Journal of Personality Assessment* 43, no. 5 (1979): 514–516.

Constantin, Kaytlin, Deborah Powell, and Julie McCarthy. "Expanding conceptual understanding of interview anxiety and performance: Integrating cognitive, behavioral, and physiological features." *International Journal of Selection and Assessment* 29, no. 2 (2021): 234–252.

Dasen, P. "Culture and Cognitive Development From a Piagetian Perspective." In *Psychology and Culture,* edited by W. J. Lonner and R. S. Malpass (1993): 145–149.

Dillahunt, Tawanna R., Lucas Siqueira Rodrigues, Joey Chiao-Yin Hsiao, and Mauro Cherubini. "Self-regulation and Autonomy in the Job Search: Key Factors to Support Job Search Among Swiss Job Seekers." *Interacting with Computers* 33, no. 5 (September 2021): 537–563.

Donato, A. A., R. L. Alweis, and C. Fitzpatrick. "Rater perceptions of bias using the Multiple Mini-Interview format: a qualitative study." *Journal of Education and Training Studies* 3, no. 5 (2015): 52–58.

Duckworth, Angela, Christopher Peterson, Michael Matthews, and Dennis Kelly. "Grit: Perseverance and Passion for Long-Term Goals." *Journal of Personality and Social Psychology* 92 (2007): 1087–1101.

Engelhardt, P. E., J. T. Nigg, and F. Ferreira. "Is the Fluency of Language Outputs Related to Individual Differences in Intelligence and Executive Function?" *Acta Psychologica* 144, no. 2 (2013): 424–432.

Freeman, R. Edward, and Ellen R. Auster. "Values, Authenticity, and Responsible Leadership." *Journal of Business Ethics* 98 (2011): 15–23.

Gino, Francesca, Ovul Sezer, and Laura Huang. "To Be or Not to Be Your Authentic self? Catering to Others' Preferences Hinders Performance." *ScienceDirect* 158 (2020): 83–100.

Higgins, Chad A., and Timothy A. Judge. "The Effect of Applicant Influence Tactics on Recruiter Perceptions of Fit and Hiring Recommendations: A Field Study." *Journal of Applied Psychology* 89, no. 4 (2004): 622–632.

Judge, Timothy A., Chad A Higgins, and Daniel M. Cable. "The Employment Interview: A Review of Recent Research and Recommendations for Future Research." *Human Resources Management Review* 10, no. 4 (2000): 383–406.

Kahneman, D., P. Slovic, and A. Tversky, eds. "Judgement Under Uncertainty: Heuristics and Biases." Cambridge, UK: Cambridge University Press, 1982.

Kline, P., E. Rose, and C. Walters. "Systemic Discrimination Among Large U.S. Employers." Working paper, 2021.

Kline, Patrick M., Evan K. Rose, and Christopher R. Walters. *Systematic Discrimination Among Large U.S. Employers.* Cambridge, MA: National Bureau of Economic Research, 2021.

Leary, M. R. "Emotional responses to interpersonal rejection." *Dialogues Clinical Neuroscience* 17, no. 4 (2015): 435–441.

Park, Daeun, et al. "The development of grit and growth mindset during adolescence." *Journal of Experimental Child Psychology* 198 (2020): 104889.

Pfeffer, F. T., and A. Killewal. "Generations of Advantage. Multigenerational Correlations in Family Wealth." *Social Forces* 94, no. 4 (2018): 1411–1442.

Procter, Ian, and Maureen Padfield. "The Effect of the Interview on the Interviewee." *International Journal of Social Research Methodology* 1 (1998): 123–136.

Randall, Ken, Mart Isaacson, and Carrie Ciro. "Validity and Reliability of the Myers-Briggs Personality Type Indicator: A Systematic Review and Meta-Analysis." *Journal of Best Practices in Health Professions Diversity* 10, no.1 (2017): 1–27.

Rivera, Lauren A. "Hiring as Cultural Matching: The Case of Elite Professional Service Firms." *American Sociological Review* 77, no.6 (2012): 999–1022.

Roberts, B. W., N. R. Kuncel, R. Shiner, et al. "The Power of Personality: The Comparative Validity of Personality Traits, Socioeconomic status, and Cognitive Ability for Predicting Important Life Outcomes." *Perspectives on Psychological Science* 2 (2007): 313–345.

Sheese, Brad E., and William G. Graziano. "Agreeableness." *Encyclopedia of Applied Psychology* (2004): 117–121.

Smith, R. C., A. M. Dorsey, J. S. Lyles, and R. M. Frankel. "Teaching self-awareness enhances learning about patient-centered interviewing." *Academic Medicine* 74, no. 11 (1999): 1242–1248.

Srivastava, Sanjay, Oliver P. John, Samuel D. Gosling, and Jeff Potter. "Development of Personality in Early and Middle Adulthood: Set Like Plaster or Persistent Change?" *Journal of Personality and Social Psychology* 84, no. 5 (2003): 1041–1053.

Suleman, Q., M. A. Syed, Z. Mahmood, and I. Hussain. "Correlating Emotional Intelligence with Job Satisfaction: Evidence from a Cross-Sectional Study Among Secondary School Heads in Khyber Pakhtunkhwa, Pakistan." *Frontiers in Psychology* 11 (2020): 240.

Sutton, A. "Measuring the Effects of Self-Awareness: Construction of the Self-Awareness Outcomes Questionnaire." *European Journal of Psychology* 12, no. 4 (2016): 645–658.

Sutton, A., H. M. Williams, and C. W. Allinson. "A Longitudinal, Mixed Method Evaluation of Self-Awareness Training in the Workplace." *European Journal of Training and Development* 39, no. 7 (2015): 610–627.

Tang, Christian Byrge. "Ethnic Heterogeneous Teams Outperform Homogeneous Teams on Well-defined but Not Ill-defined Creative Task." *Journal of Creativity and Business Innovation*, 2016: 2.

Tuovinen S., X. Tang, and K. Salmela-Aro. "Introversion and Social Engagement: Scale Validation, Their Interaction, and Positive Association with Self-Esteem." *Frontiers in Psychology* 11 (2020): 590748.

Turner, Margery Austin, Peter Edelman, Erika Poethig, and Laudan Aron. *Tackling Persistent Poverty in Distressed Neighborhoods: History, Principles, and Strategies for Philanthropic Investment*. Washington, DC: Urban Institute, 2014.

United States Bureau of Labor Statistics. “Employer Costs for Employee Compensation Summary.” Economic New Release, U.S. Dept. of Labor (March 17, 2023).

United States Bureau of Labor Statistics. “Job Openings and Labor Turnover Survey.” JOLTS, U.S. Dept. of Labor (March 8, 2023).

Whalen, J.R., host. “There are More Open Jobs Than Ever Before. Why are Job Hunts Longer?” *Your Money Briefing. The Wall Street Journal* (January 23, 2023).

Xiang, Ping, and Amelia Lee. “Achievement Goals, Perceived Motivational Climate, and Students’ Self-Reported Mastery Behaviors.” *Research Quarterly for Exercise and Sport* 73, no. 1 (2002): 58–65.

Zippia. “40 Important Job Interview Statistics [2023]: What You Need to Know Before Starting Your Job Search.” Zippia.com. October 25, 2022.

致　谢

感谢支持我的人：没有你们，就没有这本书。感谢迈克、朱莉亚、史蒂夫和安妮塔，你们拥有坚定的自我。谢谢你们允许我分享你们的故事，一定会帮助到很多人。

感谢自 2011 年以来与我共事过的所有人，虽然我不能一一列举你们的名字，但我在帮助你们的过程中获益良多。本书是数千小时辅导、数千份简历筛查、数千次面试和数百次培训的结晶。如果不是你们信任我，给我帮助你们的机会，我也不会写出这本可以帮助其他人的书。

感谢我的孩子们，他们教会了我如何看待和欣赏差异，以及如何全身心地去爱——我所做的一切，都是为了你们，你们就是我最大的成就。还有亚伦（Aaron），谢谢你鼓励我与世界分享我的故事。

感谢阿琳（Arlene）和唐（Don），你们是我的第一批粉丝。感谢刘易斯公司的工作人员，尤其是弗雷德（Fred）和琳达（Linda），你们帮助我在出版界找到方向，从一开始你们就陪伴在我身边，鼓励我“把所有故事都写出来”。

献给那些如此爱我的人，他们教会了我如何爱自己，如何看到自己的优点，又如此地包容我的缺点。丹尼尔（Daniel），你是我生命中最富有魅力的人。你每天都在提醒我，不要忘记自己从何处来，要往何处去，你让整个旅程都充满乐趣。耶尔（Yael），多年前你告诉我不要想太多，要享受过程，放手去做。迪尔德丽（Deirdre），是你提醒我不要钻牛角尖。你是第一个觉得我的想法很有价值的人，我会永远支持你，因为你总是支持我的想法。埃里克（Eric），谢谢你相信我，鼓励我。琳达姨妈，你总是充满热情，带着孩子般的好奇心生活，我对你满怀敬爱。感谢帕蒂（Patty）阿姨，是你教会我欣赏自己，你是我的仙女教母，一直激励着我。

愿这本书成为我的爷爷奶奶记忆和遗产的延续。米格尔（Miguel），你的离去彻底改变了我。

感谢四种面试风格的原型：戴维（David）、阿努杰（Anuj）、扎克（Zack）和尼科利诺（Nicolino）。我永远不会忘记我们在校园里，一边吃着难吃的比萨、可丽饼和小摊买的鸡肉，一边聊着哲学话题，把想法写到白板上的时光。

感谢萨拉（Sarah）和贝基（Becky），你们是第一批试用我的“心血结晶”——面试学档案的人，谢谢你们以和我同样的专业水平、热情和激情讲授这门课，永远感谢你们。感谢我的模拟面试官和培训师团队：拉塞尔（Russell）、维罗妮卡（Veronica）和凯文（Kevin）。

感谢黛布（Deb），你是最完美的老板。毫无疑问，我之所以能走到今天，是因为你看到了我的优点，也让我对自己满怀信心。感谢邦妮（Bonnie）夫妇，我们在 CS&B 组建了一支伟大的团队。

感谢我的企业客户，他们看到了我的作品和培训的价值。感谢我的大学客户，尤其是天普大学，我在那里开始了我的研究，也感谢全美国所有正在使用面试学档案的学校。

感谢哈珀柯林斯出版社的柯比（Kirby）和霍利斯（Hollis），谢谢你们帮助我优化本书内容。我们建立了一种非常有创造力且相互支持的关系，这是所有写作者都梦寐以求的。我们第一次合作的时候你们就把我宠坏了，真担心我就此堕落。感谢我的经纪人史黛西·格利克（Stacey Glick）和我的研究助理丹妮尔·迪普瑞尔（Danielle Dupré）。感谢试读这本书的妮可（Nicole）、萨拉、比安卡（Bianca）、米歇尔（Michelle）和罗宾（Robin）。如果没有你们，我现在还在怀疑自己，到底有没有清晰地表达了内心的想法。在写作的过程中，你们每个人都给了我深刻的见解、无私的支持和帮助，正是因为你们，这本书和我都变得更为优秀。尤其是罗宾，你是创造“面试学”这个名字的天才。

感谢评估标准研究协会的数据科学家丹尼斯·科纳博士和拉斯·沃森博士：感谢你们的指导、智慧和责任感。

我是站在引用的作者和研究者前辈的肩膀之上，如果没有他们的努力，我不可能有这些见解，也不可能完成这些工作。为此，我永远感谢你们。

感谢我的平面设计师山姆·伍德（Sam Wood），他把我的想法变成了美丽的作品。感谢我的业务发展伙伴、营销团队、网站专家和社交媒体专家：没有你们，我不会有今天的成就。

最重要的是，我要感谢正在读此书的你：谢谢你！谢谢你想在面试中拿出更优异的表现，也谢谢你愿意在人生旅途中这个极其重要的关卡让我为你提供帮助。以前在培训结束时，我总是对所有客户说，最困难的时候已经过去，一切都会好起来的。在此之前，我会一直陪着你。我相信你，祝你好运！

未来，属于终身学习者

我们正在亲历前所未有的变革——互联网改变了信息传递的方式，指数级技术快速发展并颠覆商业世界，人工智能正在侵占越来越多的人类领地。

面对这些变化，我们需要问自己：未来需要什么样的人才？

答案是，成为终身学习者。终身学习意味着永不停歇地追求全面的知识结构、强大的逻辑思考能力和敏锐的感知力。这是一种能够在不断变化中随时重建、更新认知体系的能力。阅读，无疑是帮助我们提高这种能力的最佳途径。

在充满不确定性的时代，答案并不总是简单地出现在书本之中。“读万卷书”不仅要亲自阅读、广泛阅读，也需要我们深入探索好书的内部世界，让知识不再局限于书本之中。

湛庐阅读 App：与最聪明的人共同进化

我们现在推出全新的湛庐阅读 App，它将成为您在书本之外，践行终身学习的场所。

- 不用考虑“读什么”。这里汇集了湛庐所有纸质书、电子书、有声书和各种阅读服务。
- 可以学习“怎么读”。我们提供包括课程、精读班和讲书在内的全方位阅读解决方案。
- 谁来领读？您能最先了解到作者、译者、专家等大咖的前沿洞见，他们是高质量思想的源泉。
- 与谁共读？您将加入优秀的读者和终身学习者的行列，他们对阅读和学习具有持久的热情和源源不断的动力。

在湛庐阅读 App 首页，编辑为您精选了经典书目和优质音视频内容，每天早、中、晚更新，满足您不间断的阅读需求。

【特别专题】【主题书单】【人物特写】等原创专栏，提供专业、深度的解读和选书参考，回应社会议题，是您了解湛庐近千位重要作者思想的独家渠道。

在每本图书的详情页，您将通过深度导读栏目【专家视点】【深度访谈】和【书评】读懂、读透一本好书。

通过这个不设限的学习平台，您在任何时间、任何地点都能获得有价值的思想，并通过阅读实现终身学习。我们邀您共建一个与最聪明的人共同进化的社区，使其成为先进思想交汇的聚集地，这正是我们的使命和价值所在。

图书在版编目（CIP）数据

面试的科学 /（美）安娜·帕帕莉亚著；姚琼工作室译．— 杭州：浙江科学技术出版社，2025.8.
ISBN 978-7-5739-1844-4

Ⅰ. C913.2-49

中国国家版本馆 CIP 数据核字第 20258QC638 号

书　　名	**面试的科学**
著　　者	[美] 安娜·帕帕莉亚
译　　者	姚琼工作室

出版发行	**浙江科学技术出版社**
	地址：杭州市环城北路 177 号　邮政编码：310006
	办公室电话：0571－85176593
	销售部电话：0571－85062597
	E-mail:zkpress@zkpress.com
印　　刷	天津中印联印务有限公司

开　　本	880mm×1230mm　1/32	**印　　张**	10
字　　数	205 千字		
版　　次	2025 年 8 月第 1 版	**印　　次**	2025 年 8 月第 1 次印刷
书　　号	ISBN 978-7-5739-1844-4	**定　　价**	99.90 元

责任编辑	余春亚	**责任美编**	金　晖
责任校对	张　宁	**责任印务**	吕　琰